KB188474

큰 생각 작은 출발

큰 생각 작은 출발

지은이 | 여호영

초판 발행 | 2025년 4월 5일

펴낸이 | 신중현
펴낸곳 | 도서출판 학이사
출판등록 | 제25100-2005-28호

대구광역시 달서구 문화회관11안길 22-1(장동)
전화_(053) 554-3431, 3432 팩시밀리_(053) 554-3433
홈페이지_http://www.학이사.kr
이메일_hes3431@naver.com

ISBN 979-11-5854-560-4 03330

전환기에 준비해야 할 청년 정신

큰 생각 작은 출발

여호영 지음

學而思 학이사

이른 아침 지리산 자락 한 천년 사찰을 거닐고 있었다. 같이 다니던 분이 갑자기 없어져 안 보였다. 몇 분 후 나타났다. 귀한 영지버섯 세 개를 손에 들고 왔다. 어떻게 발견했냐고 물었다. 사람들은 공통적 시각이 있는데, 그중에 모두가 보지 않는 곳이 있다고 했다. 모두 관심을 가지지 않는 그곳을 가보면 꼭 귀중한 것이 자기를 기다리고 있다는 것이다. 남들과 다른 시각을 가진다는 것이 중요하다. 남다르게 큰 생각을 하는 것이 인생을 자존감 있게 사는 길로 들어서게 한다.

젊은이들에게 넘겨진 세상의 모습은? 도전을 요구하고 있다. 기성세대가 땀 흘려 구축해 놓은 이 세상은 불편하기만 하다. 불필요한 진입장벽이, 까다로운 절차 등이 시야를 가린다. 성인이 될 때까지의 교육 과정이 재미없었다. 사회에 진출해 첫 연봉의 몇 배가 집을 사는 데 필요한가? 이 배율이 점차 높아지고 있다. 경력을 쌓을 기회는 안 주면서 경력을 요구하고 있다. 미국 등에 소재한 빅테크 기업에서는 감원 태풍이 거세다. AI가 가져다주는 모순이기도 하다. 대형조직의 비효율성이 도마 위에 올라온 상태이다.

기성세대가 짜준 틀 속에서 세상을 살아 나가야 한다니, 이건 아니다. 크게 생각하라. 시작은 작은 것부터 하라. 현상을 타파해 나갈 지혜를 만들어라. 생각을 자원화하는데 예타 즉 예비타당성 조사를 한다. 자원을 투여하는 방법과 자원을 획득하는 원리를 설명하고 있다. 최근 대한민국 사회에서는 예타면제 사업이 도처에 깔렸다. 현상 타파하겠다는 젊은이들에게는 용서할 수 없는 폭거이다.

예타면제는 젊은이들에게 독을 집어 먹이는 것과 같다. 차세대들에게 기획의 즐거움을 빼앗아서는 안 된다. 예타면제 사업이 독버섯처럼 피어나고 있다. 일반화되어 가고 있다. 손해가 나는 일일지라도 왜 해야 하는지를 논리정연하게 설명을 할 수 있어야 한다. 손해는 누가 부담하는가? 왜 젊은이들인가?

생각은 크게 했는지 몰라도, 구조화 되지 않고 머릿속에만 갇혀 있을 때 그 생각은 더 이상 진보하지 못한다. 세상의 변화에 대처하지 못한다. 생각을 하는 데에는 돈이 안 든다. 그러나 그 생각이 짧았을 때 많은 돈이 유실될 수 있다. 좋은 생각은 단번에 탄생하지 않는다. 수많은 시뮬레이션을 통해 가장 적정한 생각의 바탕이 선정된다. 생각을 구조화시켜야 한다. 그러면 생각을 더욱 진화시켜 나갈 수 있다. 예타를 만들어 낼 수 있다.

예타에는 시간축이 있다. 타임라인이라고도 한다. 공간이 구획된다. 공간도 시간에 변함에 따라 그 역할이 변화하게 된다. 사업에 근간이 되는 철학, 목표, 원칙, 장단기 수익성 등이 정의된다. 수많은 대안들이 도출된다. 그중에서도 최적의 안이 선정된다. 필요한 자본은? 인력은? 기술은? 자재는? 등이 정의된다. 이러한 예타 작성 훈련을 잘한 젊은이들이 미래 국가의 동량이 될 것이다. 이러한 기회가 젊은이들에게 주어져야 한다.

생각만으로는 안 된다. 이를 논리 정연하게 정리할 수 있어야 한다. 그리하면 그 생각을 더욱 정교하게 가다듬을 수 있다. 이렇게까지 하고도 실행은 조심스럽게 신중하게 해야 한다. 큰 생각을 잘게 쪼개 그곳에서 다시 구체적인 생각을 도출한다. 그리고 상세한 예타를 작성한다. 타당성이 검증되었을 때 조심스럽게 하나씩 수행을 진행한다. 스타트 스몰이다.

세상을 다시 한번 크게 그리고 자세히 살펴보자. 세상은 어떤 원리로 움직이는가? 원리를 알고자 할 때 결국 의문은 풀리게 된다.

크게 생각하라. 더 크게 보자. 그곳에 원리가 숨어 있음을 발견하라. 시간차와 공간 차이를 인정하고 이들을 융복합시켜 봐라. 생각을 기록으로 남기면 그 생각이 자원이 된다. 기록들이 모여 승수효과를 낸다. 결국 그 생각은 성공 목적물이 된다.

시간의 귀중함을 알고, 시간을 요긴하게 사용하여야 한다. 시간을 사용할 때 항시 즐겁게, 실적을 생각하며, 비전의 실현 달성의 즐거움을 상상하면서 유효한 생산 활동을 한다.

큰 생각을 실행할 때 조그마한 부분부터 시작한다. 그 조그마한 부분일지라도 타당성분석을 한다. 베스트 웨이가 무엇인지를 객관적으로 증명해 본다. 최적의 해가 무엇인지를 규명해 낸다. 리스크를 최소화할 수 있다. 조그마한 성공들이 모여 결국 큰 성공의 요소들로 작용하게 된다. 예타를 잘 함으로써 영도력을 발휘할 수 있다.

Think Big, Start Small!

2025년 봄
여호영

차례

2부 일본인이 가장 존경하는 인물 여대남

3부 수학이 답이다

1부

상상력이 미래 국격이다

생각을 스케치하라

'큰 생각을 가져라.' 김동길 교수가 떠나시기 전 이 땅에 남기신 말씀 중 하나이다. '큰 생각을 가져라, 하지만 시작은 신중하게 또는 조그마하게' 라는 격언은 인도에서 전해 내려오고 있는 교훈이다. 이런 말이 존재하는 이유는 큰 생각을 가지기를 꺼리기 때문이다.

안분지족이라는 단어가 있다. 자기 분수에 맞게 무리하지 않고 만족하면서 편안히 지낸다는 뜻이다. 자신의 능력이나 처지에 알맞은 생활에 만족할 줄 아는 것이 예전에는 좋은 일이었다. 지난날에는 큰 생각을 가질 필요가 없었다. 자신에게 주어진 환경과 역량을 스스로 판별하였다. 외부 여건에 순응하였다. 주어진 틀에서 벗어나는 탈각이란 생각도 못 하였다.

건널 수 없는 강을 건너보는 생각, 넘을 수 없는 벽을 넘어 보는 생각, 한 번도 가져보지 못한 생각, 지금껏 생각하는 방법을 크게 바꿔 새롭게 생각해 보는 것 등이 '큰 생각' 의 일환이다. 큰 생각을 가질 필요성을 못 느끼는 경우가 대부분이다. 암기식 교육은 사실상 교육이 아니다. 시간 낭비이다. 큰 생각을 하는 것이 쓸모없다는 생각을 가지게 한다. 주어진 것을 알면 주어진 것을 다룰 수 있다고 생각한다. 별도의 다른 생각이 필요치 않는다. 큰 생각을 가질 이유가 없었다.

전통적인 직업이 점점 사라지고 있다. 창의적인 활동이 일상이 되고 있다. 인생 만족을 재는 가치 척도가 바뀌고 있다. 과거의 가치척도 중에는 편안함이 높은 자리에 있었다. 4차 산업혁명 시기에는 편안함보다는 자아실현, 만족감, 실감을 통한 참여 등이 큰 가치로 자리 잡아가고 있다. 큰 생각으로 큰 그림을 그려야 한다. 창의적인 인생 항적을 개척하기 위하여.

전통적인 생애 계획이 무용지물이 되었다. 사십 대 초반이 이미 명예퇴직자 반열에 오르는 시절이 되었다. 일생을 통해 수많은 직업을 가질 수밖엔 없다. 한 가지 전공을 가지고 일생을 한 길로 가기에는 인생이 너무나 아깝다. 다른 직업으로 옮겨 타는 기회를 놓치지 않아야 한다. 다양성을 수용해야 한다.

기존에 설계된 모든 것들이 시대가 변화하는 데 따라 불편함을 느낀다. 문제가 생기는 것이다. 모든 기존 설계가 진화해야 한다. 모든 사람이 크고 작은 문제에 대해 달려들어 해결해야 한다. 4차 산업혁명 시대의 특징이다.

큰 생각을 어떻게 하면 가질 수 있나? 용기가 필요하다. 변화하는 세상에서 주역이 될 수 있다는 결심을 하려면 새롭고도 참신한 용기가 필요하다. 웅대한 목표를 세웠다면 다양한, 어쩌면 엉뚱한 생각까지 동원해 본다. 다양한 생각을 일정한 가시권 안으로 들어오게 한다. 정제를 통해 가능하다. 생각하는 것도 중요한 일과 중 하나이다. 생각을 스케치한다. 글로 메모하는 것, 그림으로 그려보는 것, 말로 녹음해 두는 것, 1분짜리 동영상을 만드는 것 등 모두가 스케치의 한 방법이다. 스케치는 앞으로 더 큰 그림을 그리는데에 밑그림이 된다.

큰 생각은 인생을 바뀌게 한다. 큰 생각을 하는 것은 레이더가 기존 능력에서 통달 거리가 길어지는 것과 같은 모습이다. 선명도가 높아지는 효과를 거두는 것과 같다. 길어진 통달 거리 안에는 새롭게 보이는 물체가 나타난다. 큰 생각을 가질 때, 관심 영역을 넓히는 계기를 마련하게 된다. 새로운 둥지에 속한 생각들로 새로운 지식과 지혜를 얻기가 한결 용이하다. 큰 생각을 하면 목표가 새로워진다. 큰 생각을 구체적으로 하면 목표로 가는 과정이 눈에 들어온다.

김동길 교수가 남은 사람들에게 외친다. "세상은 변하는데 사람들은 안 변한다. 사람이 스스로 어떻게 변해야 하는지 큰 생각을 하면 길이 보인다." 큰 생각 하는 것을 새로운 문화로 받아들이자. 서로를 격려하자. 큰 생각 후 실천하고자 할 때는 필연코 작은 출발을 전제로 한다.

젊은이들은 필요한 역량을 갖춰야 한다

코로나 백신을 제조하는 화이자 같은 회사는 4차 산업혁명기를 제대로 맞이한 경우이다. 빅데이터를 성공적으로 분석하고 BT(바이오테크)와 NT(나노테크)를 융복합한 결과 효력이 있는 백신을 만들 수 있었다. 대한민국의 반도체 회사들도 4차 산업혁명기를 제대로 준비하고 있다. 치열한 경쟁체제에서 살아 남고 있다. 10조 원을 신규 투자해도 신규 투입 인력은 1천 명을 넘지 못한다. 노동 없는 사회로 가고 있다. 민간 기업에서 입사한 지 17년이 넘는 오래된 사원들이 사주에게는 밉상이다. 고참 직원의 역할이 날로 좁아진다. 부하 인력 관리만으로는 사주 입장에서는 턱에 차지 않는다. 수지가 날로 악화되어 신규 인력을 뽑을 수가 없다. 이러한 현상이 4차 산업혁명기의 한 특징이기도 하다.

4차 산업혁명기를 제대로 준비하지 못하는 기업들은 몇 가지 특징이 있다. 무슨 일을 해야 할지를 모른다. 필요한 새로운 기술이 무엇인지를 모른다. 새로운 기술에 접근하는 방법을 모른다. 전략을 세울 수 없다. 리스크가 크다고 느낀다. 자본과 인력이 많이 든다. 자본 회임 기간이 길어질 것이다. 그림은 그릴 수 있으나 구체적인 작전 계획을 수립할 수 없다. 가보지 않은 길을 가야 하는데 주저하고 있다. 진입장벽은 높아만 보인다. 정보 기술이 발달하고 상용화될수록 일자리를 찾는 청년들은 더욱 늘어난다. 성실하고 열의가 있는 청년들이 눈높이에 맞는 일자리를 못 찾고 있다. 높은 학력과 수많은 스펙으로 무장한 청년들 좌절의 한숨 소리는 하늘을 찌른다.

일자리 시장에서 일자리를 찾는 쪽과 일꾼을 찾는 쪽 양쪽 간에 부조화가 심각하다. 청년들은 수도권에서 출퇴근이 편리하고, 복지 제도 등이 잘 갖춰져 있기를 원한다. 시키는 일은 잘할 수 있다. 일꾼을 찾는 쪽에서는 4차산업 혁명기에 선도적인 일꾼을, 그것도 싼값에 구하고 싶다. 무슨 일은 어떻게 하면 회사가 지속적으로 발전할 수 있을는지 고견을 말해 주는 사람을 원한다. 반면에 회사는 현재 경쟁력이 약해 높은 급여를 줄 수 없다. 모순이 막대하다.

양극화에 대한 개념을 4차 산업혁명기에는 새롭게 잡을 필요가 있다. 3차 산업혁명기에는 소득을 기준으로 양극화 잣대를 사용하였다. 4차 산업혁명기에는 자아 만족도를 기준으로 양극화 잣대로 삼아야 할 것이다. 풍요 사회에서 소득만으로는 사회의 진정한 내면의 모습을 측정할 수가 없다. 기술 선도자들은 초고소득으로 새로운 계층이 형성된다. 4차 산업혁명 이후에는 다양한 분야에서 세분화한 역할들이 생겨난다. 각 역할에 따른 만족도에 따라 사회의 행복지수는 높게 유지될 수 있을 것이다.

정부는 공공 데이터를 개방해야 한다. 전자적 표준 포맷으로 개방해야 한다. 무제한 개방해야 한다. 개인정보보호를 빌미로 공공 데이터 공개를 제한적으로 하고 있다. 공공 데이터는 만들어지는 순간 사회 구성원 모두에게 공평하게 접근권이 주어져야 한다. 개인정보를 식별할 수 있는 식별자는 모자이크 처리한다. 모든 젊은이가 완전 공개된 공공 데이터를 분석하면서 4차 산업혁명에 걸맞은 사업을 구상하게 될 것이다. 고등학교 때부터 4차 산업혁명에 걸맞은 교육을 실시해야 한다. 4차산업 혁명기에 적응하는 젊은이들은 필요한 역량을 갖춰야 한다.

도전력을 요구한다. 아무도 가보지 않은 길을 가보는 도전력을 필요로 한다. 독립성을 요구한다. 필요한 도움을 기다리기보다는 도움을 스스로 해결해 보는 자세가 필요하다. 창의력이 필요하다. 빅데이터를 앞에 놓고 이를 어떻게 분석해 볼 것인지, 남다른 방법과 접근으로 빅데이터를 봐야 한다. 그러면 남이 못 본 엘도라도를 먼저 보게 된다. 영어 문해력이 높아야 한다. 영어로 쓰인 도서, 콘텐츠 등에 대한 접근력이 있어야 한다. 의사소통력이 높아야 한다. 수많은 지식에 대한 지식의 구조화를 이룰 수 있어야 한다.

4차 산업혁명기에는 '젊은이들에게 가르칠 것이 없다는 것' 밖엔 더 가르칠 게 없는 것이 중론이다. 젊은이 스스로 길을 찾아 득도하는 수밖엔 없다.

호기심은 천국을 만드는 재료

호기심이 많고, 호기심이 좀 풀릴 때 또 다른 호기심을 가지게 된다. 천국에 사는 기분일 것이다. 호기심은 삶의 출발선상에 항상 있다. 호기심의 발동은 새로운 것에 대한 동경을 불러일으킨다. 호기심은 그 속에 숨어 있는 지식과 경험을 맞이하게 된다. 호기심은 스펀지가 물을 기다리는 모습이다. 스펀지가 없는 곳에서 물은 지나칠 뿐이다. 지나는 물을 스펀지는 빨아들인다. 속속 깊이 흡수한다. 호기심을 풀 만한 지식과 경험은 호기심이 있는 그곳으로 모여들고, 머물게 된다. 학생들이 시험 준비로 공부를 하는 것보다는 호기심을 시발점으로 하면 좋다. 호기심을 풀어가는 과정으로 공부를 하면 공부는 더욱 재미있어진다. 효과적이다.

지금까지는 호기심이나 질문을 별로 권장하지 않는 사회였다. 호기심이 별로 중요하지 않다고 생각하고 있다. 학생은 공부나 해야 한다. 웬 호기심! 쓸데없는 것은 생각도 말라 한다. 인생을 성공시키는데 정답이 있으니 그대로 따라 하라고 한다. 호기심이 일어날 만한 환경과 여건을 아예 외면해 버린다. 호기심이 발붙일 여지가 없는 사회는 어떤 모습인가? 들쥐들이 일렬로 열을 지어 움직이는 모습이다. 다양성이 부족한 사회의 모습이다.

대한민국 청년들이 가진 사회적 문제의 심각성은 교육이 문제 해결을 외면하고 있다는 데 있다. 4년제 대학 진학률이 독일에 비해 3배 이상 높다. 대학은 필요 이상으로 서열화되어 있고, 수도권에 집중되어 있다. 청년들에게 필요 이상의 경쟁을 부추기고 있다. 어느 대학을 나왔느냐가 마치 사회적 계급처럼 작동하고 있다. 이곳은 교육 권력을 카르텔화한 집단들이 파 놓은 함정이다. 대한민국은 이 함정에서 빠져나와야 한다. 사고의 다양성, 가치관의 다양성 사회로 옮겨 타야 한다. 선사후학, 먼저 일을 찾고 그다음 배움을 찾는 것도 다양성 사회의 한 모습이다.

다양성의 첫걸음은 다양한 호기심을 부추기는 사회에서 찾을 수 있다. 다양한 지식은 자신이 가진 중심 지식을 더욱 활성화한다. 인근의 다른 지식들이 자신이 얻은 중심에 자리 잡고 있는 지식을 좀 더 보완해 준다. 다양한 지식을 소유한 사람은 남들이 이해하는 지식의 범위와 활용성을 갖춘다. 또한 높은 효용성을 발휘하는 그 무엇을 더한 상태가 된다. 남들이 가진 일반적인 가치관에 비해 색다른 자신만의 가치관을 가질 수 있다. 남들과 다르다고 불안해하지 않는다. 자신이 가진 폭넓은 지식의 힘으로 사물을 바라보고 있기 때문이다.

다양한 호기심에 의한 다양한 지식과 경험을 가지면 유용한 면이 많다. 융복합을 잘할 수 있다. 비빔밥이 융복합의 한 사례이다.

다양한 지식과 다양한 경험을 바탕으로 새로운 사업이나 방법을 고안해 낼 수 있다. 새로운 방법을 고안해 내는 데에는 다양한 지식과 경험이 큰 힘이 된다. 인공지능 시대에 호기심은 시의적절한 생존 무기가 된다.

인공지능 상품마다 대답을 내놓는다. 그 대답에 대한 신뢰성 평가 등은 각자가 해야 한다. 그 평가까지 또 인공지능에 맡길 순 없다. 인공지능은 수많은 데이터를 통해 스스로 학습하였다. 그러나 그 결과는 지식과 경험을 가진 사람보다 낫지 않다. 이 세상에 책이 하도 많아 이를 다 읽지 않고는 세상살이에 뒤처질 것 같아, 일부러 죄를 짓고 감옥에 가서 책을 많이 읽고 다시 세상에 나왔다는 이야기도 있다. 나와 보니 자신보다 책을 덜 읽은 사람보다 사회생활을 하는데 뒤처지더라는 것이다. 인공지능에 휘둘리지 않는, 살아 있는 지식과 경험을 가져야 한다. 다양한 호기심이 출발점이 된다.

책을 읽으면 상상을 길러주는
기회와 소재를 얻게 된다

초등학생 손자가 책을 하나 골라 할아버지에게 사달라 한다. 책장을 넘기면서 하는 말이 심상찮다. 이 책은 그림이 없다고 한다. 그림이 많아야 읽기도 편하고 이해하기도 쉽다는 뜻이다. 할아버지는 손자에게 말한다. 글을 읽으면서 머릿속으로 그림을 그려보면 된다고.

머릿속으로 그림을 그리는 것, 이것이 바로 상상이다. 상상하는 힘을 상상력이라 부른다. 책을 읽으면 많은 도움을 받게 된다. 상상력을 키울 수 있다. 책을 읽지 않고도 가능하다. 다양한 상상, 그리고 위력을 가진 상상 등은 책의 도움이 필요하다. 상상은 현재와 미래를 연결해 주는 구름다리이다. 창의력은 상상력이라는 밥을 먹고 크는 실체이다.

단 한 번의 상상으로 좋은 산출물을 만들 순 없다. 상상은 뼈를 깎는 고통을 통해 실현 가능성의 대안으로 격이 바뀔 수 있다. 수많은 상상 중에 어느 하나가, 또는 몇 개가 합쳐지는 과정을 거친다. 누구도 상상하지 못한 상상, 신선한 상상, 시대를 뛰어넘는 탁월한 상상을 기다린다. 좋은 상상을 얻으려면 풍부한 상상이 우선이다.

상상하는 데는 돈이 들지 않는다. 계층 간 사회 이동에 상상력이라는 노잣돈이 적임이다. 다만 상상력을 키우는 데 관심과 열정을 쏟아부어야 한다. 책을 읽으면 상상을 길러주는 기회와 소재를 얻게 된다.

산 지식을 자유자재로 활용하려면 지식을 자기 것으로 만들어야 한다. 자기가 만든 상상 속으로 지식을 살아 움직이게 해 놓아야 한다. 상상으로 뭉쳐져 있지 않은 지식은 죽은 지식이다. 활성화가 덜 된 지식은 경직되어 있는 상태이다. 조금만 여건이 바뀌어도 지식을 활용할 수가 없게 된다.

상상을 할 때에는 여건, 환경, 절박함 등이 있으면 더욱 순조롭게 진행할 수 있다. 선행학습을 할 때에는 사전에 배울 수학에 대해 상상할 여유가 없다. 선행학습은 수학 포기자를 조기에 양산하고 있다. 삼각형을 배우기 전에 삼각형의 유용성에 대해 상상해 보자.

지식은 머리에 기억되어 있는 것이 아니다. 연상 기억을 통해 전에 알았던 것을 지식으로 활용하는 것이다. 그간 환경이 바뀐 것을 감안하여 새로운 지식으로 변환한 후 활용해야 한다. 상상력이 필요한 이유이기도 하다.

상상한 것을 그림으로 그려본다. 그림으로 그려보면 상상이 확신 신념이 될 수도 있다. 가시권 안으로 들어온다. 손에 잡힐 듯하다. 상상을 수치로 표현해 본다. 수학으로 풀어 본다. 상상에다가 골격을 갖추어 본다.

모든 지식은 서로 연관이 되어 있다. 단지 가깝거나 멀 뿐이다. 높은 추상화에서 점점 낮은 추상화 단계로 포진하고 있다. 음악이나 시에서도 수학은 내재되어 있다. 영어도 잘 구조화된 언문이다. 상상을 통해 지식을 구조화해 본다. 공부가 재미있어진다. 공부 잘하는 사람은 공부를 할 때마다 더 효과적으로 한다. 전에 했던 공부를 바탕으로 자원으로 만든다. 그리고 자원을 이용하여 새로운 공부를 한다.

대한민국 사회가 물 흐르듯이 상상으로 뒤덮이면 좋겠다. 미래를 더 좋은 사회로 선택하게 할 것이다. 쏠림 현상은 상상의 부족에서 나온 사회현상이다. 청년들에게 상상의 샘물이 용솟음치게 하자. 학교나 전공 선택에 있어 단극화하지 않을 것이다. 상상은 지력 개발에 최적의 방법이다. 상상은 창의력의 기초체력이다.

이룰 수 없는 것, 현실성 없는 상상에 박수를 보내자. 모든 상상에 대해 칭찬을 하자. 상상 그 자체를 비판하지 말자. 다양한 것에 대해 상상을 하도록 환경을 마련해 주자. 암기를 바탕으로 하는 수능 등 각종 시험은 폐지되어야 한다. 이해와 상상력을 바탕으로 하는 과정 성취도 평가로 개편되어야 한다. 상상력 증진은 교육개혁에 있어 넘버 원 아젠다로 취급해야 할 것이다. 상상력이 미래 국력이다.

글을 쓰면 생각의 질을 높여 준다

외국계 은행 서울 지점이 광화문 현대식 고층빌딩에 입주해 있었다. 모 지점장은 비서 한 명을 두고 있었다. 비서가 일을 처리한다. 지점장은 모두 말로만 지시한다. 비서가 일을 잘 처리할수록 지점장은 간단한 말로 지시한다. 시간이 지날수록 비서는 일을 더욱 잘 처리한다. 지점장은 지시 사항을 더욱 줄여서 말한다. 남이 들으면 암호 같다. 발음도 점차 정확하지 않게 된다. 동물 신음 같이 내기도 한다. 업무는 잘 돌아간다. 문제는 지점장이 점차 균형 감각을 상실하여 가고 있었다. 비용으로 처리해서는 안 되는 사적 물품 구매에도 공금을 썼다. 괜찮겠지, 생각하다가 본사 정기 감사에 적발되어 퇴직당한다. 금액의 많고 적음이 아니라, 규정 위반이 문제였다. 지점장이 평소 직접 글을 썼더라면 균형감각은 살아 남아 있었을 것이다.

쓰면 게으름을 일깨워 준다. 시간을 헛되게 보내지 않는다. 무엇을 쓸 것인지 골몰한다. 생각하면 골치 아프다는 선입관에서 즐거웠다는 체험으로 바뀐다. 다른 사람들은 무엇에 관심이 있을지를 생각하게 된다. 남의 말을 귀중하게 듣게 된다. 사랑을 실천하는 것이다. 마음을 부지런하게 하는 속성이 있다. 빈틈이 많음을 발견한다. 지식 탄생의 순환 과정상 초입 단계이다.

쓰면 생각의 질을 높여 준다. 생각하는 법을 터득하기 위해 글을 쓴다. 생각하는 과정과 글을 쓴다는 것은 같은 뜻 다른 표현이다. 자기만의 방식으로 물정을 재해석한다. 생각을 정리하게 된다. 객관과 주관을 구분하게 된다. 생각이 넓어지고, 깊어지고, 균형감을 가지게 된다. 글을 쓰려는 사람이 주제와 관련한 무엇을 보는 마음과 글을 쓰지 않는 사람이 보는 마음은 수준 차이가 있다.

쓰면 기억을 생생하게 하게 된다. 뇌의 한계를 극복한다. 기억하는 곳은 뇌다. 뇌는 육고기로 만든 기계이다. 시간이 지나면 휘발한다. 기억 상태가 뭉개진다. 쓰면 쓸수록 궁금해지는 것이 많아진다. 호기심의 가짓수가 점차 늘어난다. 대안 또는 대체안에 대해 풍부한 안들을 낼 수 있다. 아이디어가 다양해진다. 글을 쓴다는 것은 과거의 경험과 대면하는 것이다.

쓰면 머리가 시원해진다. 뇌는 복합 노동을 싫어한다. 여러 주제와 융복합시키면 뇌는 쥐가 난다. 뇌가 부담하는 하중을 경감시켜 준다. 적절히 나누어서 적은 부분을 관리한다. 더 이상 복잡하지 않다. 스트레스가 줄어든다. 바둑이 주는 묘미를 모르는 사람은 왜 골치 아프게 수나 세고 있냐고 한다. 당사자들은 뇌를 시원하게 마사지 받고 있다고 한다.

쓰면 말의 한계를 극복해 준다. 말만 하는 나는 나를 들여다볼

수가 없다. 글을 쓴다는 것은 말하는 순서를 정하고 말하는 훈련을 하는 것과 같다. 말을 조리 있게 하게 된다. 순서가 잘 갖춰진 말은 듣기에 부담이 없다. 통찰력을 기른다. 강하게 기억한다.

쓰면 가치 있는 의미를 명시화한다. 뇌 속의 이미지를 글이나 도형 그림 등으로 표현한다. 부동산 매입을 할 때 계획을 세워 본다. 원하는 위치, 크기, 규모 등 특성을 확정한다. 자금 동원 계획을 수립한다. 명시화한 것에 대해 집중한다. 현장에서 실천 근육을 키운다. 헷갈림에서 벗어난다. 지혜를 얻는다. 종국에는 성공한다.

쓰면 신언서판을 두루 갖추게 된다. 맑은 정신이 받쳐주어 신체는 굳건하고, 말에는 발음이 정확하고 조리가 있고, 글에는 주제가 명확하고 사실에 입각하며 논리가 서 있고, 말과 글에는 효과성과 효율성이 높으며, 판단은 참신하여 시대를 선도한다. 쓰면 삶을 높은 수준으로 옮겨 준다.

보는 눈을 기르기 위해
인문학에 눈을 돌려야 한다

30년 전, 인도네시아로부터 천연가스를 수입하게 되었다. 에너지 공급선의 다양화를 통해 에너지 안보를 확보하기 위한 차원이었다. 대한민국은 인도네시아에 제의한다. LNG운반선을 대한민국 조선사에 발주하면 어떻겠느냐? 인도네시아는 난색을 드러낸다. 건조 경험이 없다는 이유에서이다. 대한민국 가스공사는 현대조선사에 LNG선 발주를 낸다.

그 이후, 며칠 전 500번째 LNG선이 인도되었다. 9개국이 LNG선 건조 실적이 있다. 전 세계에서 680척이 건조되었다. 이 중 70% 이상이 대한민국이 건조한 것이다. 척당 2천억 정도로 고부가가치 선박이다. 256척을 현재 건조 중이다. 올 1분기 29척을 수주했다. 세계에서 발주한 전량이다. 암모니아 연료를 사용하는 운반선, 쇄빙 LNG선 등을 개발하고 있다. 전 세계와 초 기술 격차를 유지하려고 기술 개발에 박차를 더하고 있다.

LNG선의 핵심은 LNG창 내벽재이다. 대한민국 조선사는 한 해

총 120척을 짓는데 프랑스 GTT사에 기술 사용료 1조 7천억을 지급하고 있다. 이런 사태를 막아 보려고 가스공사는 2004년부터 화물창 내벽재 국산화에 착수했고, 2015년에 개발 완료했다. SK가 LNG운반선을 인수했다. 문제는 하자가 발생하고 있다는 점이다. 결빙 현상이 일어나고 있다. 이 기술로 건조된 2척의 LNG선은 운항을 멈추었다. 그러함에도 핵심기술의 국산화 도전은 지속하여야 한다.

여러 선사 중 유독 SK가 국산 기술을 장착한 LNG선을 인수한 배경에는 선대 최종현 회장의 경영철학이 작용했다. 도전과 위기 극복 정신이 남달랐다. 80년대 초 정부는 석탄공사에게 물었다. 천연가스 수입, 가공, 판매, 안전 등 업무를 맡을 수 없겠느냐고. 안전이 우려되어 싫다고 했다. 석탄 비중이 줄어드는 시점임에도.

현재 석탄공사는 신설된 가스공사에 비해 구멍가게 수준으로 전락했다. 규모 등에 비추어 봤을 때 가스공사의 10분의 1 정도이다. 가스공사는 수소신사업도 추진하고 있다. 석탄공사는 광해관리공단을 설립해 직원들의 조직 성장 욕구를 어느 정도 채워 주었다.

1957년 7월, 이승만은 전기 전문가 시슬러 박사를 만난다. 시슬러는 우라늄 봉을 이승만에게 보여 준다. 석탄과 같은 무게의 우라늄은 300만 배의 전기를 생산한다. 이 사실을 믿은 이승만은 원자력 이용으로 전력을 생산한다는 방향을 잡는다. 대학에 원자력공학과를 신설하고 외국에 원자력 분야에 유학생을 보내고, 초등학교 5학년용 원자력 교과서를 만들었다.

또 정부 부처 안에 원자력부서를 신설했다. 연구용 원자로를 도입하고, 1964년에는 원전 부지를 조성하기 시작했다. 첫 원자력발전소 고리1호기가 1978년 상업운전을 개시했다. 독자 원전 모델을 해외에 수출했다. 세계 최초로 원전 건설에서 약속한 공기工期 안에 약속한 예산으로 끝을 낸 유일한 사례로 남는다. 대한민국은 원전 엔지니어링과 건설 능력에서 세계 최고 수준을 입증하고 있다.

이제는 각자의 판단에 따라 해외 취업 기회도 열려 있다. 대한민국 젊은이들이 좋은 일거리를 국내뿐 아니라 해외에서도 많이 가지도록 열린 마음으로 세상을 바라보아야 하겠다. 20년쯤 지나면 선택이 옳았다는 평가가 나올 것이다. 60년대 말쯤에는 해외 특히 미국 이민에 대해 비판적이었다. 인재와 국부를 유출한다고 했다. 당시 이민을 막지 않고 권장한 것은 잘한 일이었다.

역사적 맹아기의 조그마한 사물은 잘 보이지 않는다. 새싹 같다. 하찮아 보이기도 한다. 미래에 살아갈 사람들에게 미래형 먹거리를 마련하도록 해야 한다. 사람 중심으로 봐야 한다. 사람 보는 눈을 기르기 위해 인문학에 눈을 돌려야 한다. 경제와 문명의 발전에 따라 사람들은 새로운 무엇을 원한다. 왜 원하는지를 알아야 한다. 역사적 순간을 잘 관리하는 선각자들을 기다린다. 항상 깨어 있어라!

시간은 제대로 방향을 잡은 사람에게
영광을 몰아 준다

섬진강 강줄기가 화개장터 앞을 지난다. 강바닥은 아직도 암반으로 남아 있다. 더 높았던 암반이 깎이고 깎였지만 아직도 바닥에는 조금 남아 있다. 암반이 남아 있는 이곳 위와 아래는 강 수면의 높이가 다르다. 이곳이 암반으로 섬진강을 가로질러 있을 때에는 섬진강이 아직 강이 되기 전이었다. 물이 고여 큰 호수가 있었다.

호수의 끝은 남원까지 걸쳐 있었다. 호수의 물이 넘쳐 흐르면서 암반의 높은 끝 정수리 부분을 조금씩 깎아 냈다. 10년에 1밀리 정도. 100미터 정도의 암반을 지금의 바닥까지 내리는 데에 10만 년의 세월이 소요되었다. 산을 넘지 않은 강은 없다.

일본 관서지방, 동해와 맞닿은 곳으로 서진하는 강이 하나 흐른다. 해변에서 좀 떨어진 지방 도시가 이 강 옆에 있다. 여름에 조그마한 홍수가 져도 도시 전체가 물난리를 맞는다. 여러 가지 수리 실험을 해본다. 도시 옆으로 흐르는 강물을 산 쪽으로 돌리면 물난리를 겪지 않아도 된다는 연구 결과가 나왔다.

120년 전 일본은 중장비가 없었다. 리어카가 가장 큰 장비였다. 부삽과 괭이, 지게, 리어카로 산을 옮기기 시작했다. 300미터 높이의 산이다. 1만여 명의 시민들이 5년에 걸쳐 산을 옮겼다. 아무리 큰일일지라도 정당하며 타당성이 있고, 지도자의 정신이 제대로 작동한다면 우산이공(어리석은 늙은이가 산을 옮긴다는 고사)이 현실일 수 있다는 귀중한 사례를 남겼다. 제대로 방향 잡힌 정신과 노력이 결합하면 그 결과는 하늘도 감동한다.

처음부터 부자는 없다. 이병철은 청년 시절 아버지에게 사업을 하겠다고 말한다. 아버지는 스스로 납득이 가는 일이라면 결단을 하라면서 격려와 함께 사업자금을 건넨다. 부유한 집안에서 성장했지만 현실을 타파하겠다는 정신을 갖췄다. 동경 유학을 통해 세계가 어떻게 돌아가는지를 알았다. 시대정신을 제대로 읽은 것이다. 이병철은 항상 합리성을 추구했다.

최근 방산 수출 쾌거 관련 낭보들은 시대정신을 제대로 읽은 결과물이다. K-9 자주포는 세계 방산 시장 점유율 50%를 웃돈다. 안창호급 잠수함, SLBM 수중 발사 장거리 탄도탄, 차세대 전차 등의 성공이 연말을 맞이하는 국민을 즐겁게 한다. 방산물은 과학의 극치를 이룬다. 과학은 수학이다. 수학이 국력이다. 수학으로 의사를 상호 전달한다. 수학으로 타당성을 말한다. 타당성과 합리성은 이란성 쌍둥이다.

불곰사업이 있었다. 러시아로부터 대한 차관 상환으로 현물을 받았다. 러시아 방산물자와 기술을 획득하게 되었다. 러시아는 전통적으로 수학이 발달한 국가이다. 수학으로 정교하게 설계된 방산품들을 대한민국은 손에 넣을 수 있었다. 이 속에 숨은 수학을 이해했다. 수학이 핵심을 이루는 방식으로 방산품 설계를 재설계했다. 설계 단계에서 검증이 가능하다. 수학이 없는 설계는 구현해봐야 그 결과를 알 수 있다. 러시아에 배움으로써 대한민국은 방산품 설계에 대혁신을 이룬 것이다. 대한민국은 방산품 수출 주도국 미국, 독일, 프랑스, 영국과 대등할 정도의 수준에 이르렀다. 신년에도 더 큰 방산수출 쾌거의 소식이 들려올 것이다.

시대정신은 누가 구체적으로 말해 주지 않는다. 각기 자신의 위치에서 시대정신의 울림을 감지해야 한다. 이병철은 대한민국 방산품에 있어 수학이 근본이 되는 방식으로 설계해야 한다는 시대정신을 읽었다. 사업은 항상 합리성을 띠고 있어야 한다는 것을 스스로 깨달은 것이다. 남이 가진 방법을 귀중하게 다뤄야 한다. 제대로 이해해야 한다. 역공학이란 남의 기술을 역으로 추적해 보는 것이다. 그 속에 숨은 기술을 알아내는 것이다. 아무리 사소한 기술일지라도 간과하지 않는다. 대한민국이 가진 기술에 이 기술이 결합 되면 더 나은 기술로 진보할 수 있기 때문이다. 간격을 타파해야 한다. 다른 의견도 귀담아들어야 한다. 시간은 제대로 방향을 잡은 사람에게 영광을 몰아준다. 제대로 정신을 잡는 것, 이것이 시대정신이다.

선순환 시간 축적이 큰 업적을 이룬다

70년대 초, 고리원전 1호기를 짓자고 기획할 때부터, 대한민국은 이를 바탕으로 기술을 축적하여, 독자 기술로 원전을 짓겠다는 결심을 했다. 또 국내 실적을 바탕으로 원전 수출까지 꿈을 꾸었다. 기술 인력의 확보를 위해 해외 연수 등을 게을리하지 않았다. 원전 역사 50년 만에 소정의 결심을 품에 안게 되었다. 그간 대한민국은 독자적인 원전 설계를 완성했으며 유수한 국제 인증기관으로부터 설계의 안정성 등에 대한 국제 인증을 획득했다.

그간 대한민국은 한국형 독자 원전 설계로 총 6기의 원전을 원래 예산대로, 원래 정한 공사 기간에 완공했다. 전 세계에서도 유례가 없는 업적이다. 이러한 업적이 체코 원전 수주전에 실탄으로 사용되었다. 결국 대한민국 80년 역사, 대한민국의 저력이 오늘의 원전 수주 쾌거를 이루게 한 것이다.

체코 원전 수주전에 나타난 계약 조건 중 특이한 것들이 몇몇 있다. 발주자 측에서 요구한다. 대한민국이 앞으로 난데없이 또 탈

원전을 펼쳐, 체코 원전 사업에 지장을 줘서는 안 되기에, 대한민국 정부와 국회가 함께 본 사업을 완수하는 데 앞으로 어떠한 지장도 없을 것이라는 점을 약속하고 선언해 달라는 조건을 내어놓았다.

사업자에게 무역금융을 일으켜 줄 것을 요구할 수 있다. 추가의 3, 4호기 발주 시에 요구할 수도 있다. UAE 바라카 원전에도 100억 불의 무역금융을 대한민국 정부가 일으켰다. 24년간 장기 저리 무역금융 융자였다. 앞으로 국제 원자잿값이 오르게 되면 이와 연동한 제조원가 및 인건비의 상승을 감안하여 계약 금액의 변동 즉 계약고 증액을 위한 기성고 재산정을 하는 것으로 제안되었다.

대한민국의 우수한 제조업 노하우를 체코에 이전해 주기로 하는 특별 제안을 체코에 했다. 체코 제조업을 업그레이드하자는 제안이다. 브랜드 이미지 및 신뢰도 향상, 디자인 개선, 공정 자동화, 정밀도 향상, 표준 제정과 엄격 이행, 납기 준수, 공급망 관리 등이 포함될 수 있다. IT와 AI를 응용하는 제조업 첨단 기술을 이전해 주는 것을 제안했다. 대한민국의 기술이전 노하우도 더욱 발전할 수 있는 계기가 된다.

해외 프로젝트 현장에는 엄격한 위계질서가 있다. 맨 아래에는 땡볕에서 일하는 계급이 있다. 주로 피부색이 진하다. 일하는 환경도 열악하다. 그 위에는 현장 노동자를 관리하는 십장, 또는 팀장들이 도면을 보면서 일을 직접 관리하고 통제한다. 60년대 동남아, 70년대 중동에 진출한 대한민국의 국제적 위상이 여기부터 시작했다.

설계에는 참여하지 못했다. 시공용 상세 설계는 직접 그렸다. 기본 설계, 실시설계 등은 모두 유럽의 선진 국가들이 했다. 그 시방서를 대한민국은 그대로 이행했다. 견적을 잘못 뽑아 손해를 보는 경우도 많았다. 가장 높은 데서는 설계를 한 국가의 엔지니어들이 현장에서 감독 또는 지휘하고 있다. 대개는 흰색 피부이다.

가장 편하게 일하면서도 가장 높은 임금을 받고 있다. 수시로 본국으로 휴가를 떠난다. 가족이 함께 나와 있기도 하다. UAE와 체코 원전 수주를 통해 이제는 대한민국의 엔지니어들이 이렇게 세계 최상의 대접을 받게 되었다.

체코 원전 수주는 결코 우연이 아니었다. 원전 시장에서 대한민국의 위상 변화를 보면서 대한민국 국민은 스스로 비전을 만들어내는 국민임을 증명해 냈다. 일등 국민의 모습이다. 대한민국의 원전건설 능력은 앞으로도 족탈불급 상태를 유지해야 한다. 이를 위해서는 모두가 자강불식해야 한다.

삶의 현장에서 돈 버는 모습

백두산 넘어 중국 옌지(연변)시 장백송 호텔에서 어머니 강을 가로지르는 다리(양정교) 건너 강둑 아래에는 날마다 새벽시장이 선다. 300미터가량의 좁은 길 양옆으로 매대나 좌판이 어떠한 규칙에 따라 질서 정연하게 전개되어 있다. 300여 명이 그들 나름의 규율 속에서 평화롭게 장사를 한다. 몇 가지 과일을 파는 곳은 한 폭의 천연색 화폭을 닮았다. 빨강, 초록 등 개성 있는 색들이 서로 어울려 펼쳐져 있다.

천여 종의 상품들이 가격표 없이 매대에 담겨 있다. 미니 다이소다. 매대가 연결되어 담장이 되었다. 담장 폭은 사람들이 건너다닐 수 없을 정도다. 상품을 담은 컨테이너들이 네모형으로 벽을 이루고 있다. 사고 싶은 사람은 꼭 안으로 들어와서 물건을 골라야 한다는 원칙을 무언으로 말하고 있다. 그곳 주인장의 부인인 듯한 사람이 얼마라고 말하면 그대로 결제한다. 암산으로 한다. 외국인에게는 얼마인지를 계산기에 뜨는 문자로 알려준다.

새벽 일찍 닭장에서 장까지 출장 나온 닭들은 아직 잠이 덜 깼다. 눈을 떠봐야 뭐가 보이지 않는다. 눈을 감고 있다. 아예 앉아 있는 놈도 있다. 옆에는 달걀이 소쿠리에 담겨 있다. 달걀 사이로 짧게 썬 볏짚이 흩뿌려져 있다. 꽃잎 옆의 작은 잎 같다.

할머니가 나물을 다듬고 있다. 다듬지 않은 나물을 사 가기도 한다. 손이 놀고 있으면 뭐 하느냐는 뜻이다. 다듬었다고 값이 올라가지는 않는다. 한 묶음에 이삼 원 하는 남새의 한 종류이다. 한 묶음은 한 가족(두 명 기준)이 반찬으로 한 끼 먹을 수 있을 정도다.

부부가 즉석에서 밀가루로 기름에 튀겨 빵 등을 만든다. 남자는 밀가루 반죽을 한다. 면을 뽑듯이 내려치기도 한다. 'U' 자형이 된다. 짜장면 뽑을 때 내리치는 것보다는 약하게 한다. 일정하게 자른다. 가운데를 옴폭 들어가게 자국을 낸다. 기름을 바른다. 끓는 기름가마에 던져 넣는다. 그다음부터는 부인의 몫이다. 타지 않도록 연신 위치를 바꾸어 준다.

사탕수수에서 설탕을 만들면 노란색의 육각형 모양을 띤 원당이 된다. 원당을 파는 청년이 있다. 원당을 건네고 돈을 받을 때까지 무뚝뚝하던 그분이 고객이 계산하고 '씨에씨에' 하니까 비로소 빙긋 웃는다. 한 됫박 정도의 동전을 비닐봉지에 쌓아 놓고 잔돈 계산할 때 사용하려고 준비해 놓고 있는 곳이 있다. 동전을 좀 큰 지전으로 바꿔 주는 은행이 없어 그렇게 모아 놓고 있는 것 아닌가 싶다.

잡곡을 파는 곳에선 잡곡의 종류가 육십여 가지이다. 잡곡별 위치는 따로 정해 있지 않다. 매일 다르다. 노상에 병원이? 부항을 뜨고 있다. 여러 색이다. 통이 한국의 그것보다는 좀 길어 보인다. 요추, 척추 등 부위마다 처치료가 다르다.

전자저울이 보편화되어 있다. 단가를 입력시키면 자동으로 판매가가 표시된다. 전자 결제용 큐알 코드가 가게마다 있다. 고객이 대금을 지불할 때 자신의 핸드폰으로 가게에 비치된 큐알 코드를 찍는다. 그러면 고객과 가게 간의 계좌 이체 준비가 완료된다. 고객이 금액을 치면 지불 완료다. 몇몇 집은 '조선족입니다' 라는 팻말을 붙였다.

입점자들은 느긋한 표정이다. 아무리 작은 돈이라도 거래 횟수가 반복되면 결국 커진다는 진리를 알고 있다. 건강하여 이렇게 아침 일찍 시장에서 장사를 할 수 있다는 것이 얼마나 대단한가?

청년에 노출된 마약

　대한민국에는 세종시 인구만큼의 마약 중독자가 삶의 나락에 빠져 있다. 처음에는 극단적 쾌락과 행복을 추구하려고 시작한다. 한번 손을 대면 그 행복은 금방 사라지고, 다음부터 느껴지는 것은 끊임없이 강해지는 고통뿐이다. 그 고통 때문에 더 많은 마약을 추구하는 것이다. 서서히 죽어 가는 것이다. 더 일찍. 더 고통스럽게. 불명예스럽게.

　마약류 중 펜타닐은 청년들이 쉽게 접근할 수 있다. 일명 무지개 마약, 차이나 화이트라고도 부른다. 모르핀보다 진통 효과가 100배 강하다. 세 번만 붙이면 이미 중독이다. 몸에 붙이는 파스같이 만들어져 있다. 패드라고 부른다.

　펜타닐 중독자는 정상적인 걸음걸이를 할 수가 없다. 근육이 뒤틀리는 느낌을 받는다. 변비, 소화장애 등을 유발한다. 저산소증 해를 입는다. 신체의 반쪽에는 벌레들이 움직이는 느낌을 받기도 한다.

우리 몸은 항상성을 유지하고자 하는 경향이 강하다. 때문에 같은 쾌락이 반복되면 그 쾌락에 더욱 둔감하게 반응한다. 이를 역치라고 한다. 통증 등 고통을 잠재우고자 펜타닐을 처음 사용하게 된다. 같은 자극에 대한 역치가 점점 낮아져서 같은 정도의 고통이라도 아픈 자극은 더 크게 느껴진다. 인체는 더 많은 양의 펜타닐을 요구하게 된다.

인체 내에서 자연적으로 진통 작용을 하는 물질이 원래 있다. 이 물질이 재래식 폭탄급이라면 펜타닐은 원자탄급이다. 펜타닐이 한번 몸 안을 평정하면 기존의 진통 물질은 더 이상 용출되지 않는다. 체계는 말라버린다. 더 이상 물질이 자연스럽게 생성되지 않는다. 작은 블록을 잘못 밟아도 엄청난 고통이 온다. 참을 수 없을 정도가 된다. 바람만 스쳐도 고통이 온다. 고통은 날이 지날 때마다 점점 세진다. 펜타닐을 찾게 된다. 금단현상이다.

간단한 문진만으로도 펜타닐 처방을 받을 수 있다. 의사의 질문에 허리에 고통을 느낀다고 거짓 진술한다. 어려서 교통사고를 당해서 그렇다고 한다. 현재의 의료체계로는 아무런 검증을 할 길이 없다. 펜타닐을 달라는 대로 처방전을 써 준다. 약국에서는 가짜인 줄 알면서도 약을 내어주지 않을 수가 없다. 조제 거부에 해당하기 때문이다. 연간 백오십만 회 처방이 이루어진다. 펜타닐의 유통은 의료 관계 법령 체계상 사각지대에 있다.

건강보험심사원이 있다. 건강보험 통계연보를 매년 발행한다. 공공데이터로 공시하고 있다. 펜타닐 등 유해성 의약품에 대한 문제의식이 있어 보이지 않는다. 펜타닐 등을 현저히 많게 처방한 의사의 명단을 공개할 필요가 있다. 국민의 안전에는 일고의 가치도 없다고 생각하는 의사들을 국민이 주시할 필요가 있다. 필요하다면 강제해야 한다. 개인정보보호법에 저촉된다고 한다. 공공의 안녕과 위험으로부터의 국민 보호는 개인의 정보보호보다는 우선해야 한다. 개인정보보호법이 금지하고 있더라도 청년들의 건강 보호를 위한 최소한의 조치가 이루어져야 한다.

펜타닐을 처방한 의사들을 공개하여야 한다. 처방 횟수가 일정수 이상인 의사를 중점으로 다룰 수 있을 것이다. 국민적 경고를 해당 의사에게 한다. 그래도 지속적으로 펜타닐을 과대 처방하는 의사에게는 사회적 안전을 위한 후속 조치가 필요하다.

알바생 중에는 본인이 복용하지도 않을 펜타닐 등을 구하기 위해 심부름을 하고 있을 수 있다. 마약류 유통조직은 이들을 일회용으로 고용한다. 이들을 승합차에 태워 펜타닐을 잘 처방해 주는 병원으로 전국 순례한다. 의사는 병원에 내방한 고객에게 문진 등을 근거로 처방전을 내게 된다.

문진은 의사를 속일 수 있다. 이때 의사에게 내방객의 과거 건강보험 관련 히스토리를 검토할 수 있게 한다. 과거 펜타닐 등 유해성 약물을 얼마나 처방받았는지를 확인할 수 있다. 과도한 약물 복용자라면 단순한 펜타닐 처방을 내릴 일이 아니다. 다른 조치를 취하도록 내방객의 의료 정보를 제공하는 것이다.

마냥 쉬고 있는 청년 45만 명을 어찌하오리까?

2024년 7월 기준 실업률은 2.5%다. 완전고용에 가깝다. 세계적으로 봐도 낮은 실업률이다. 그 유례를 찾아보기 어려울 정도이다. 대한민국은 과연 세계에서 가장 안정된 취업 시장이라고 자랑할 수 있을까? 아니다. 공무원들이 쓸데없는 곳에 손을 본 결과이다. 통계에 마사지를 한 것이다.

취업하기 위해 자리를 찾고 있는 사람만이 실업률에 한 요소가 된다. 좀 쉬고 있는 사람은 포함되지 않는다. 또한 일주일에 단 몇 시간이라도 알바를 해서 돈을 번 사람도 실업률에 들어가지 않는다. 그래서 실업률 2.5%는 체감할 수 없다.

문제는 그냥 쉬고 있는 사람 중 청년이 43만 명이라는 것이다. 15세에서 29세 사이의 자발적 미취업자다. 이 숫자가 해를 거듭할수록 점점 늘어나고 있다. 20년 전에 비해 두 배에 해당한다. 그냥 쉬고 있다는 청년이 늘어나는 이유가 무엇일까?

정규직에 취업하기가 어렵다. 그래서 일자리를 찾는 것이 아니라, 취업을 위한 기초체력(스펙 등)을 구축하려는 것이다. 자격증을 따기 위해 학원을 다니거나 대학원 진학을 하는 것 등이다. 대학을 졸업하고도 취업을 위한 별도의 노력이 필요하다.

　정규직과 비정규직 간의 임금 격차가 날이 갈수록 심해진다. 5년 전에 비해 2023년에는 50% 늘어 월 166만 원 차이가 난다. 한번 비정규직으로 들어가면 사회적 낙인효과가 기다리고 있다. 중세 시대에 특정인에게 불에 달군 인두로 이마에 특정 기호를 찍는 것을 낙인이라 한다.

　현재 대한민국 청년들 사이에는 낙인이 아직도 존재한다. 이를 낙인효과라고도 한다. 제때, 정규직이 되지 못한 사람이라고 이마에 찍혀 있다는 현상을 말한다. 비정규직으로 시작한 한 인생이 정규직으로 전환될 확률은 10명 중 1명꼴이다.

　그냥 쉬고 있는 사람들에게 물어봤다. 왜 쉬고 있냐고? 원하는 일자리가 없다고 대답하는 사람이 33%가 된다. 고용자와 피고용인 사이에는 미스 매치가 있다. 고용자 측은 정규직 숫자에 중압감을 느낀다. 노동의 유연성이 없다. 이는 결국 비정규직을 양산하는 결과가 된다.

　기성세대가 청년 몫 정규직을 빼앗아 간 후폭풍이기도 하다. 기업은 경영환경에 따라 구조조정을 하고자 할 때 노동의 유연성을 원한다. 그래서 일정 비율의 비정규직을 선호한다. 취업을 원하는 사람은 시작이 중요하다고 생각한다. 좀 더 기다렸다가 정규직으로 취업하는 기회가 오기를 기다린다.

　고용주 측에서는 신입사원일지라도 최소한 3개월 정도의 실무 경험이 있기를 기대한다. 기업에서는 취업과 동시에 현업에 바로 투입시키려면 약간의 실무 경험이 필요하다는 생각이다. 그냥 쉬고 있는 청년 중에는 인턴 3개월짜리를 못 구해 쩔쩔매는 경우가 많다.

현 사회에는 정보격차가 존재한다. 인턴사원을 모집한다는 정보를 획득하는 사람과 그렇지 못한 사람이 항상 혼재해 있다. 그냥 쉬고 있는 젊은이 중 상당수는 인턴 경험이 없어 정규직 채용에 고배를 마신 경우가 대부분이다.

청년들이 제때에 취업을 할 수 없어 결혼 연령이 늦어진다. 아울러 첫 임신 연령이 34세로 타 선진국 평균 31세보다 3년이나 늦다. 저출산의 원인이 이곳에서도 발견된다. 엄청난 사회변화 요구를 읽지 못하고, 큰 소리가 없으니 아무런 문제가 없다는 건 눈을 손으로 가리고 해가 없다는 것과 같다.

정부의 무거운 책무가 이곳에서 나타난다. 모든 청년이 제때에 취업하도록 모든 정책적 역량을 펼쳐야 한다. 그냥 쉬고 있는 청년들에게 아무런 도움이 되지 못하는 대학을 우선 구조조정 해야 한다.

코로나19 이후를 대비하는 젊은이들에게

60년대, 그 시대에 알맞던 인재가 현재에는 얼마나 적응할 수 있을까? 그들은 주판을 잘 놓았다. 현재의 인재들이 경제사회 시장에서 적응하기 어려운 것이 격차를 겪고 있기 때문이다. 컴퓨터를 잘 다루는 것, 그 이상을 원하고 있다.

시대 요구에 반응하지 못하는 경우 경제사회에서 당당한 주체가 되기 어렵다. 오늘날의 경제사회가 원하는 인재상은 분명하다. 문제를 발견할 수 있어야 한다. 문제해결 능력이 창의적이어야 한다. 실천에 있어 리더십이 있어야 한다. 인공지능 도구를 활용해야 한다.

20~40대는 한국 경제에 있어서 주역이다. 그런데 이들이 경제활동에 있어 안정적이지 못한 게 사실이다. 개발 시대에서 멀어질수록 젊은이들의 안정감은 떨어진다. 코로나 이전에는 재택근무를 경외시했다. 상사와의 눈도장, 명확한 의사소통, 온몸으로 표현하는 신뢰 등이 중요했다.

코로나 시대에는 언택트가 일상화되었다. 근무시간을 자유롭게 활용할 수 있다. 개별적으로 근무하는 시간을 주식 투자에 손쉽게 활용하고 있다. 부동산이 많이 올라 부동산 투자 시점을 놓친 경우, 주식 투자에 관심을 가지게 되었다. 우량주 중심으로 안전 수익 창출 쪽으로 가닥을 잡고 있다. 거품론이 거론되고 있다. 조정기를 맞이할 것이라고도 한다. 풍전등화와 같은 상황이 다가오고 있다.

돈이 있어야 한다. 돈을 어디에다 쓸 것인지가 미정인 상태라면 돈 버는 것과 더불어 투자할 곳을 찾아야 한다. 돈은 중간재이다. 시멘트도 중간재이다. 시멘트가 모래, 자갈, 물과 합쳐 콘크리트가 되었을 때 비로소 가치를 발휘한다. 중간재의 특징은 최종적인 가치를 발현하기 전까지는 그 자체로는 가치를 느끼지 못한다.

돈으로 무엇을 교환하였을 때 돈의 가치가 발현한다. 돈이 사용되는 곳이 가치를 획득하는 것이어야 한다. 돈만 버는 데 정신이 없는 사람들은 번 돈을 잘 쓰기 어렵다. 무엇에 사용할 것인지, 어떻게 사용할 것인지가 결정되지 않으면 돈이 재앙을 불러올 수 있다. 돈 버는 것이 일이라면 돈을 어떻게 하면 잘 쓸 것인지를 연구하는 것은 공부라고 할 수 있다. 주경야독하여야 한다.

어디에다 돈을 쓸 것인지가 매우 중요하다. 장기간 숙고를 해야 한다. 체계적으로 연구하는 것이다. 돈만 있으면 모든 것이 해결되리라는 판단에는 부족함이 묻어 있다. 압축성장의 개발 연대에나 있을 법한 것들이다. 지금의 사회환경에서는 맞지 않는다.

일생을 두고 뭔가를 재미나게 할 일을 찾아야 한다. 돈은 있는

데 할 일이 없는 사람은 만족도가 떨어진다. 돈은 약간 모자라지만 할 일이 있다면 만족도는 상대적으로 높게 나온다. 일생을 통해 어떤 경로로 밟아 나갈 것인지, 어떤 일을 재미나게 할 것인지 등을 찾는 것이 돈 버는 것만큼이나 중요하다.

미래에 대한 대비를 돈만으로 해서는 되지 않는다. 놀이 도구를 마련해야 한다. 주판만으로는 되지 않듯이. 사회의 변화 추세를 읽는 눈을 길러야 한다. 주판에서 컴퓨터로 진화하고 있듯이 인공지능이 차세대 놀잇감으로 적당할 것이다. 현재 40대 이하 모든 직장인은 엑셀을 이용한다. 엑셀 표에서 칼럼별로 데이터의 어떤 추세를 읽을 수 있다면, 가치를 창출하게 될 것이다.

추세를 판단하는 근거가 뭐냐고 질문을 받게 된다. 인공지능의 도움을 받았다는 것을 제시한다. 인공지능의 구조도를 설명한다. 이 정도이면 미래 사회의 주역이 될 만하다. 스스로 배우는 기계학습도 직장인들이 엑셀을 배우는 것만큼만 더 정진하면 접근할 수 있다. 기계학습을 통해 반복하는 업무들이 효과적이도록 지원해 줄 수 있을 것이다.

코로나 이후 사회는 온택트 사회이다. 언택트만으로는 뭔가 부족하다. 이를 보완하여 온 즉 접촉과 비접촉이 조화를 이룬다. 줌이라는 다중 화상회의를 위한 좋은 앱이 출시되어 많은 사랑을 받고 있다. 전세계적으로 폭발적인 인기를 얻고 있다. 줌을 통해 오고 가는 시간을 절약할 수 있다. 줌이 초연결 사회를 구가하게 되었다.

제조 분야가 아닌 직장인들의 반 이상이 온택트 환경이 될 것이다. 이전과 같은 안정된 고정직 직장이 그만큼 없어질 수도 있다. 자신에게 부여된 고유한 사명을 발견해야 한다. 변화하는 시대 상황에 맞게 옮겨 타야 한다. 돈만 벌다가는 시대 흐름을 놓칠 수 있다. 주경야독하라.

2부

일본인이 가장 존경하는 인물 여대남

장인이 준 은행알 하나

100여 년 전 동부 경상도 기장 어느 마을. 문 서방은 결혼 예식을 마치고 처갓집으로 신행길에 나섰다. 신행을 마치고 돌아가려는데 장인 영감이 은행알 하나를 선물이라고 하면서 신랑에게 준다. 싹을 틔워서 은행나무를 잘 키워 보라고 당부한다. 난생처음 은행알 한 알을 선물이라고 받아본다. 늦은 가을에 거름을 잘 섞은 흙에 묻어 두면 된다.

두께는 약 2센티가량. 봄에 새순이 돋는다. 처음은 콩나물순 같다. 일주일쯤 지나면 은행잎이 보이기 시작한다. 또 이 주가 지나면 대가 나무가 된다. 마당 옆 울타리 근처에 옮겨 심었다. 매년 몰라보게 자란다. 문 서방은 은행나무 크는 것에 폭 빠졌다. 문 서방이 살던 집은 국유림 언저리였다. 주변에 있는 나무에도 관심이 가기 시작했다.

문 서방은 국유림 속 나무를 가꾸고 싶었다. 집 주변에 있던 국유림 속 나무도 키워 보겠다는 의욕이 생겼다. 은행나무가 커가는 것을 보면서 주변의 나무도 눈에 들어오기 시작한 것이다. 내가 직접 심지는 않았지만 이 나무들을 내가 가꿀 수 있겠다는 생각이 들었다. 국유림 관리 관청에 찾아가서 본인이 국유림 속 나무를 가꾸겠다고 제의했다.

공무원은 흔쾌히 승낙했다. 문 서방은 인근 관공서 구내식당에서 버리는 음식물을 수거했다. 그리고 발효시켜 비료로 만들었다. 직접 생산한 비료를 맹종죽에게 시비했다. 대나무가 검정색이 날 정도로 건강하게 잘 자랐다. 이렇게 하길 몇십 년, 입장료 수입을 올릴 수 있을 정도가 되었다. 문 서방은 돌아가시고 손자 세대들이 이 정원을 관리한다. 아홉산 숲이다.

본채에는 할아버지의 영정을 모셔놓고 있다. 손자들은 할아버지의 선견지명에 감사한 마음을 항상 가지고 있다. 장인 영감은 왜 문 서방에게 은행 한 개를 주었을까? 줄 게 없어 그것을 주었을 수 있지만, 장인 영감이 진정 전하고 싶은 뜻은 달리 있었다. 시간을 관리하는 방법을 이번 기회에 알아차려 보라는 뜻이다. 시간은 누구에게나 꼭 같이 하루 24시간씩 주어진다.

시간의 귀중함을 아는 정도는 사람마다 제각기 다르다. 문 서방은 시간 관리에 성공한 경우에 해당한다. 우선 시간을 시각적인 대상으로 치환하였다. 시간의 흐름과 은행나무가 커가는 것을 동일시하였다. 시간을 시각적으로 관리한 것이다. 은행나무를 키운다는 명확한 목적이 있었다. 무형의 자산인 시간을 명확한 목표로서 관리를 할 수 있었다. 시간의 흐름을 오감으로 느낄 수 있었다.

시간을 생각 없이 사용하면 아무 쓸모 없는 결과만 남게 된다.

조그마한 성공은 좀 더 큰 목표를 만들어 가지게 한다. 목표를 명확하게 하는 것, 이것이 목표를 이룰 수 있는 효과적인 길이다. 나무를 튼튼하게 키운다는 것은 명확한 목표가 된다. 적절한 전지와 알맞은 시기에 알맞은 거름을 주는 것이다.

누구에게나 주어진 시간이라는 자원이 특히 문 서방에게는 성공적으로 작동하게 된다. 나무 키우는 데 대한 소질을 발견하게 된다. 더 큰 것을 이루어 보겠다는 의지와 도전욕이 발동한다. 나무를 키워보면 나무를 통해 많은 것을 느끼게 된다. 연약한 첫 순이 어떻게 그 딱딱한 은행 껍질을 뚫고 나오는가? 은행알 속의 속살에 무엇이 담겨 있기에 집채만 한 은행나무로 자랄 수 있단 말인가? 자연스럽게 의지와 도전욕을 나무들로부터 영감을 얻게 된다.

큰일을 이루기 위해서는 단계별 접근이 좋다. 조그마한 일을 성공해 보면서 성공 가능성의 길을 발견하는 것이다. 장인 영감은 사위에게 조그마한 성공을 맛보게 한 것이다. 지금 아홉산 숲은 부산 기장지역에서 잘 알려진 탐방 코스가 되었다. 주변에는 맛집도 번성해 있다. 장인 영감과 문 서방이 저승에서도 즐거워하고 있을 모습이 선하다.

숙종 임금, 촌부에게 한 수 배우다

조선의 왕들은 왕세자 시절부터 출생에 대해 양반이나 평민들로부터 입에 오르내린다. 특히 엄마가 무수리 아이면 더욱 그렇다. 신권력 측은 왕권을 견제할 때 좋은 무기로 활용한다. 대놓고 이야기는 못 하지만 최소한 세력을 규합하는 데에는 좋은 소재거리가 된다.

숙종은 조선 왕조 왕들 중 꿀릴 게 하나도 없는 혈통을 지니고 태어났다. 신권을 움켜쥐고 흔들었다. 수차례 환국을 통해 정국을 장악했다. 강력한 왕권을 행사했다. 숙종은 백성들이 어떻게 사는지 궁금하던 차, 하루는 민정 시찰을 나갔다. 수행원 내시 한 명만 대동하였다.

장소는 지금의 종로 4가 효제동 어느 막다른 골목이었다. 여름날 어느 저녁, 어둑어둑해질 무렵이었다. 왕은 평복을 입었다. 민간복 차림이다. 허름한 어느 집 앞을 지나려고 하니, 웃음소리가 났다. 핫핫화, 와핫핫. 왕은 지금껏 들어 보지 못한 웃음소리였다.

궁에서는 만들어진 억지 가짜 웃음소리밖엔 들은 바 없었다.

난생처음 들어본 경쾌한 진짜 웃음소리. 살기도 어려운데 이렇게 명랑하게, 또 즐겁게 웃고 있다고 생각하니 신기하기도 했다. 왕은 이 집에 대해 알아보고 싶었다. 그래서 직접 들어가 보기로 했다. 왕은 어험, 헛기침 소리를 냈다. 안에 있는 사람을 부르는 신호이다.

주인장이 나온다. 뉘시오? 지나가던 나그네입니다. 물 한 그릇 얻어먹을 수 있겠소? 그럼요. 이리 들어와 앉으시죠. 주인장은 왕을 허름한 방으로 안내했다. 좁은 방 안에는 식구들이 옹기종기 앉아 짚으로 새끼를 꼬는 데 협심하고 있었다. 노파, 크고 작은 남녀 아이들 12명. 왕은 좁은 방에 간신히 앉는다.

물은 마시는 둥 마는 둥 하면서, 주인장에게 물었다. 보아하니 가난하게 사시는 것 같은데, 어찌 그렇게도 즐겁게 웃으면서 살 수 있습니까? 저는 지금 빚도 갚고 있고, 또 저축도 하고 있으니 이보다 더 기쁠 수가 어디 있겠습니까? 아, 그러하십니까? 왕인 자신도 못하는 일을 이 촌부가 하고 있다니.

궁으로 돌아온 왕은 생각할수록 궁금해졌다. 왕은 그 주인장을 다시 만나보기로 했다. 며칠 후 왕은 다시 그곳 효제동으로 갔다. 이번에도 호쾌한 웃음소리가 나고 있지 않은가? 홧홧화, 와홧홧. 미친 사람이 아니고는 이렇게 신나게 웃을 수가 없는 것이다. 왕은 다시 그 집에 들어갔다.

주인장 하나 물어봅시다. 전에 제가 왔을 때 빚도 갚고 저축도 한다는데 요새 세상에 가능이나 한 것입니까? 아, 그거요. 제가 지금 노모를 봉양하고 있으니 노모로부터 진 빚을 갚고 있는 것이고, 새끼들을 지금 키우고 있으니 저축을 하는 셈이지요. 이 말을 들은 왕은 크게 각성하였다.

백성을 의심한 왕 본인에 대해 후회와 반성을 하게 되었다. 그 때부터 더욱 예와 효를 중시하고 백성을 계도하였다. 숙종 왕은 조선 왕조의 르네상스 시대를 열었다. 문물이 융성하게 왕정을 펼쳤다. 청나라와 일본 에도 막부와 선린 외교를 펼쳐 동양의 평화 시대를 열었다. 서울 강남 선능에서 영면하고 계신다.

재발견한 예술품에서 느끼는 감흥

　예술은 각박한 인생살이를 반추해 보는 촉매제가 된다. 예술을 가까이해 늙어가고 좁혀져 가는 인생을 스스로 격려해야 한다. 나에게 예술은 그간 효율제일주의에 매몰되어 있지는 않았는지, 돌이켜 보게 한다. 많은 사람이 옳다고 생각하는 방향 그대로 나도 역시 그 방향이 옳다고 생각하고 있지는 않은지 되돌아보는 계기가 된다.

　30년 전, 오대산 월정사에 처음으로 갔다. 영화에서 봤던 그대로 신비로움을 주는 고사찰이다. 팔각구층석탑이 신비로움을 더한다. 이곳에 대한민국에서 유일한 주제를 갖는 석조 조각상이 하나 있다. 정식 명칭은 석조보살좌상이다. 물론 국보로 지정되어 있다. 칠 년 전쯤이다. 고려 전기 작품이다. 손에 향로를 들고 탑에 모셔진 부처님 진신 사리를 향해 무릎을 꿇고 향을 올리는 모습이다.

　젊은이인 듯하다. 나이는 스물네 살쯤 되어 보인다. 천 년 이상이 모습을 하고 있다. 표정이 살아 움직이는 듯하다. 아! 글쎄 부처님에게 농담을 하고 있는 듯 보인다. 이 젊은이의 자신감은 어디에서 온 것일까? 엄숙하고, 계율에 따르고, 그날그날 해야 할 일을 하는, 의무 사항을 이행하는, 자존감은 어딘가 두고 온 듯한 어느 하루의 모습은 아니다. 절대자에 대해서도 굽힘이 없이 당당하게 자신의 존재성을 긍지와 함께 즐기며 살아가는 모습을 보여주고 있다.

이 돌로 빚은 조각이 10여 년 전부터 월정사 성보 박물관 특별전시실로 옮겨졌다. 실내에서 신비로운 조명으로 전시효과는 극대화된 느낌이다. 탑 앞에 석양이 비치기 시작하는 무렵에 느낌을 받은 모습과는 확연히 다르다. 석물이 자연에 의해 마모되는 것을 막고자 실내로 옮겨 놓은 것이다. 원래 자리에는 복제품이 놓여 있다.

원작의 맛을 내려고 무척이나 노력한 흔적이 보인다. 그러나 원작과는 천양지차를 보인다. 원작은 상체를 정면에서 봤을 때 2도가량 좌측으로 굽혔다. 약간의 굽힘이 석상 전체에 살아 있는 역동성을 온몸에 심어놓고 발산하는 듯하다. 몸속에 생명체(배터리)가 있어 살아 움직이는 듯하다. 복제품은 이보다 약간 더 4~5도가량 좌측으로 굽어 있다. 원작이 주는 감흥을 그대로 이어주지는 못하고 있다.

이 부분이 이 석상에 있어 가장 신비로운 부분이다. 이 석상을 즐기는 두 번째 포인트는 복어 배같이 볼이 도톰하다는 것이다. 이 모습이 살아 숨 쉬는 듯 보이게 된다. 세 번째로 볼만한 부분이 더 있다. 높은 원통형 보관(모자)을 쓰고 있다. 조각상의 시각적 보정을 하고 있다. 보관 둘레가 이마 둘레보다 작다. 또, 얼굴은 몸에 비해 좀 큰 상태다. 멀리 있는 것이 작게 보이는 현상(소실점 원리)을 역보정한 것이다. 왼쪽 무릎을 세운 상태로 꿇어앉아 있다.

이런 모습을 호궤라 한다. 중앙아시아로부터 유래하여 오랑캐 '호' 자를 앞에 붙였다. 복제품이 얼마나 조악한지는 이 석상의 뒤편 옷을 여민 자태에서 드러난다. 원형은 삼단으로 여며 놓았다. 복제품은 그야말로 빈칸 채우기 식으로 얼버무려 놓았다. 기능적인 설명이 있을 뿐이다. 아무런 감흥을 불러일으키지 못한다.

용역을 받고 제시간 내에 개수와 규격을 맞춰 납품해야 하는 현대 조각장이들의 솜씨 정도를 후대에 남기려 하고 있다. 외곽 치수가 같다고 해서 원형의 미가 되살아날 수 없다. 무생물 돌에서 혼을 불어넣어 감동을 전하는 생명체로 만드는 것, 이것이 조각 예술이 갖는 의미가 아니던가?

휴가 때 월정사 석조보살좌상을 만나보기를 권한다. 원형과 복제품을 비교해 보면 볼수록 원형의 예술미를 느끼게 될 것이다. 예술품에 대한 감흥을 일으키게 된다. 바쁘게 살아가는 모습을 반추해 보는 귀중한 기회가 될 것이다.

한국민족문화대백과사전을 일람하다

몇십 년 전부터 기회가 닿으면 이 책을 서재에 비치해 두고 보고 싶었다. 이 희망이 최근에야 이루어졌다. 이 책에 대한 소개는 학교의 은사로부터 들었다. 한 사립학교 부설 연구소에서『한국문화사대계』를 편찬했다. 바로 다음 국가의 엄청난 예산으로 이와 비슷한 대백과사전을 편찬하였다는 이야기를 들었다.

『한국문화사대계』는 요즈음 구하기가 어렵다고 한다. 이 책은 조지훈 선생에 의해 기획되었다. 발간 당시에 대단한 반향을 불러일으켰다. 일본의 한국학 학계에서는 해방 후 한국문화사의 3대 업적 중 하나라고 칭송한다. 이 성과물을 바탕에 깔고『민족문화대백과사전』이 편찬되었다. 한 질의 분량이 대단하다. 책을 눕혀 쌓은 높이가 약 2미터는 족히 넘는다.

총 27권으로 되어 있다. 각 권은 평균 900쪽 이상이다. 이 책의 크기는 46배판이다. 초등학교 교과서를 두 배로 펼친 크기다. 각 쪽은 3단으로 되어 있다. 글자의 크기는 10호, 전체 약 2만 5천 쪽

내외이다. 7만 5천 단이다. 각 단은 59행으로 되어 있다. 각 줄은 평균 6단어(22자)로 되어 있다. 개략적으로 총 2천7백만 단어(약 1억 자)로 구성되어 있다. 팔만대장경 글자 수의 두 배다.

이 단어들이 서술하고자 하는 원의미를 중언부언한 것이 없도록 편수가 잘되어 있다. 먼저 대백과사전에 실릴 후보 항목(article)을 선정하였다. 이를 기준으로 상향식으로 민족문화분류표를 만들었다. 항목이 어디에 속할 것인지 분류표를 확정하였다. 각 항목은 민족문화분류표상의 어느 큰 항목으로 소속시켰다. 이렇게 함으로써 유사한 항목이 발생하지 않도록 원천 봉쇄를 하였다.

또한 어떤 사실을 어느 항목에서 다룰 것인지를 분류표에 분류된 대로 판단하였다. 어떤 사실을 분류표상 어느 항목에서 다루는 것이 합당한지를 사전에 판단하였다. 이렇게 정교한 편집을 하였지만 어쩔 수 없는 경우도 있다. 어떤 사진은 약 10회 정도 수록되어 있다. 약간의 핀이 다르게 촬영된 것도 같은 사진으로 보면 이 숫자보다 더 많다. 전반적으로 편집이 잘되었다.

한 쪽 한 쪽 넘겨 보는 데에 꼭 두 달이 걸렸다. 평균 하루에 한 시간 정도씩 봤다. 전부를 다 보고 난 소감이 있다. 한국민족문화를 가장 구체적으로 일목요연하게 표현한 책을 봤다는 것이다. 전체를 빠짐없이 또 상세하게 기술하여 놓았다. 모든 내용은 그 항목의 전문가가 참고문헌에 의거 기술하였다. 모든 항목에는 기술자의 성명을 명기하여 놓았다.

모든 쪽마다 빠지지 않은 항목은 인명이다. 다음은 문헌이다. 다음으로는 사진으로 주로 한옥이 많았다. 사진이 글보다 더 이미지로 남기 때문일 것이다. 한국민족문화에 수많은 인명이 나온다. 인명 한 사람마다 그 사람의 생애를 요약하여 놓았다. 문헌들은 한국민족문화의 광범위함과 정치(정교)함을 말하고 있다.

근대국가로의 이행을 위한 골든타임이 있었다. 1860년부터 1900년까지 40년간이 골든타임이었다. 골든타임 후반기에는 정신을 차리고 국가를 살리려고 애쓰는 모습이 발견된다. 그러나 이 시간 동안에 통치의 시스템이 효율적으로 작동되지 못했다. 이유는 이 시스템에 포함된 관료와 시민들의 근대국가 건설에 대한 의식의 차이 때문이다. 대한 제국의 분투가 엿보였다.

다른 특이점은 샤머니즘 관련 항목이 많았다. 전국적으로 무속인 약 40만 명이 아직도 이 분야에서 직업으로 활동하고 있다. 조선시대에 법인카드가 있었다. 초료장이다. 병조에서 목적지와 직급에 맞게 법카에 충전해 준다. 관리가 공무차 지방 여행 시, 역참에서 숙식하는 양을 역참 관리인이 소지한 법카에다 기재한다. 가맹점에서 사용한 양만큼을 초료장에 기록한다.

대한민국의 지속발전을 위한 선택은 어떤 것이어야 하는가? 한국민족문화에 각인된 디엔에이는 환경에 따라 어떻게 변이를 거듭할 것인가? 또 미래 선택에 무슨 특징으로 나타날 것인가?

이 백과사전을 4~5번은 더 볼 생각이다. 책장을 넘기면서 관심 있는 것은 기사를 읽을 것이다. 아들이 대학생 때 왜 한자를 배워야 하냐고 묻길래 다음에 답해 준다고 했다. 한자를 배울 것이다. 많이 나오는 데 비해 아직 모르는 한자를 우선 배우도록 할 것이다. 그래서 문헌 원문을 읽는 훈련을 할 것이다.

번역해 놓은 것이 있겠지만 스스로 그 의미를 음미해 보는 것도 즐거움이다. 두 번째 백과사전을 일람한 다음 느낌을 또 다른 에세이로 쓸 예정이다. 그 내용과 지금 이 내용과 어떤 차이가 날 것인지 벌써 궁금해진다.

일본인이 가장 존경한 한국인 여대남

임란 2차 진주성 전투에서 가토 기요마사(가등청정 加藤淸正)는 진주성을 석권하고는 바로 일본에 도움이 될 만한 인적자원을 쓸어 담기 시작했다. 진주성에서 백 리 남짓 거리에 있는 하동 깊은 암자에서 글을 읽고 있던 17세 여대남이 가토 앞으로 끌려갔다. 여대남은 붓을 가져오게 한 후 시 한 수를 써 보였다. 가토는 이 청년이 범상치 않음을 알고는 일본으로 데리고 간다.

당시 일본 지식인 사회에서 가장 이름이 있었던 일진 스님에게 불경을 배우게 했다. 구마모토성 한 사찰에서 머리를 깎고 승려가 되어 가토 가문의 서원 사찰인 혼묘사 3대 주지가 되었다. 지역주민들과 함께 화엄경을 사경했다. 여럿이서 어울려 하룻밤 사이에 사경을 완성해 냈다.

가토 가문이 몰락한 후 여대남은 내해內海를 건너 구마모토(熊本) 맞은편에 위치한 시마바라시(島原)에 새로 창건한 호국사 창립 주지가 되었다. 지역사회에서 정신적 지주가 되었다. 일본의 전설 속의 검객 미야모토 무사시(宮本武藏)도 여대남을 흠모했다.

본국 하동에 계시는 부모님에게 편지를 보냈다. 1년에 한 번씩 여름철에 조선으로 고기잡이하러 떠나는 일본 어부들을 통해 편지가 전달되었다. 부모는 편지를 받고서야 아들이 살아 있음을 알았다. 답신을 받은 여대남은 더욱 고국으로 돌아가고 싶었다. 여대남은 보내지 못한 편지 한 통을 남겼다.

당시 여대남에게 일요상인日遙上人이라는 법호를 만들어 주었다. 일요의 의미는 일본에서 아득히, 영원히 잊히지 않을 훌륭한 분이라는 의미가 담겨 있다. 상인은 성인보다 더 높은 최고의 단계임을 나타낸다. 여대남에 대해 일본인들의 추앙 정도는 어떠했을까? 이 열기가 지금까지 전해 오고 있다.

여대남의 고향 하동으로 매년 일본인 호국사 신도들이 대거 온다. 400년이 지난 지금까지도 유허지에 참배하는 깊은 속뜻은 무엇일까? 지금은 전설이 된 일본인들의 정신적 지주였다. 돌아가신 곳, 일시 등에 대한 기록이 전혀 없다. 여대남은 남에게 폐를 끼치기 싫어 죽음을 홀로 맞이하신 것이다.

돌아가시는 시점을 이미 아셨다. 여대남은 홀로 호국사 뒤편 운젠산 깊은 산 속으로 떠나셨다. 그리고 소식이 끊겼다. 그곳에서 홀로 돌아가신 것이다. 고국 하동 땅을 비춰 주던 하현달이 꼭 같이 그곳 여대남이 쓰러진 이마에도 비춰 주고 있다. 영정 그림도 돌아가신 후 한 화공이 추정해 그린 것이다. 후예들은 여대남의 부도를 세웠다. 높다는 의미는 그만큼 숭상한다는 의미이다. 400년이 지난 지금까지 그의 부도가 가장 높다.

여대남은 일본인에 대해 인忍을 베풀었다. 인은 사랑보다는 더욱 자비롭기도 하다. 덕보다는 깨우침을 주었다. 평생을 깨우쳐도 모자랄 지智의 길을 열어 주었다. 길이 남을 영성靈性을 이루게 하였다. 여대남이 남긴 필적이 아직 사용되고 있다. '나무묘법연화경'이라는 글자를 신비롭게 쓴 것인데 이 글을 그대로 복사해 각종 행사에 사용하고 있다. 묘법연화경에 귀의한다는 뜻이 담겨 있다.

일요상인의 가르침 등을 귀중한 가치로 삼아 이를 한일 민간 레벨의 친선 프로그램으로 승화시킬 수는 없을까? 한일 민간 레벨 상호 인식 증진을 위한 모델 인물로 삼을 수 있을 것이다. 한국인은 일본인에 대해 여대남이 일본을 대한 것처럼 하고, 일본은 한국인에 대해 여대남을 대하듯 하면 된다.

대한민국 안에서는 따로 위패를 모시고 있지 않다. 위패를 따로 모셨으면 한다. 여대남 기념관이 세워졌으면 한다. 이곳에서 여대남의 흔적을 흠모하고 가르침을 되새긴다. 국민 정신함양 도량으로 만들어야 한다. 한일 민간교류의 원천 에너지를 발전하는 곳으로 자리매김하도록 한다.

일본 문명에 노크하다

도쿄 국립과학박물관을 세 시간가량 관람했다. 밖으로 나와 다리를 펴고 편하게 쉬었다. 그리고 국립 박물관에 입장하기 위해 입장권을 사려고 했다. 그때 핸드폰이 없어진 것을 알았다. 입장권 표를 물리고 핸드폰 찾기에 나섰다. 하늘이 노랗게 변하고 핑 도는 느낌이다. 넓은 마당이 좌우로 움직이는 것 같다.

내 육신 말고는 모두 다 잃어버린 것이다. 앞으로 어떻게 살아야 하나? 걱정이 태산이다. 사천 개나 되는 전화번호를 다 잃었으니 앞으로 어떻게 사회생활을 할 수 있을까? 신주쿠 경찰서를 갔다. 경찰서 찾아간 용무를 말한다. 경찰은 영어로 통화 할 수 있게 수화기를 넘겨 준다. 용건을 말하고 수화기를 다시 경찰에게 넘겨 주었다.

우에노 공원 파출소에 가서 핸드폰 분실 신고를 하려고 했다. 일본의 문명을 믿고 문명에 노크하고 싶어서이다. 하늘에 대고 분실 신고를 하는 기분이다. 경찰 내부망에 조회해 본다. 나이 든 경찰이 젊은 경찰에게 말한다. 뭐가 있다는 표정이다. 젊은 경찰은 핸드폰에다 뭐라고 말한다. 영어로 표시되어 나온다. 확실치는 않지만 분실 신고물과 비슷한 것이 경찰서에 있다고 한다.

육교를 건넌다. 잃어버린 핸드폰을 찾기만 한다면 이 정도야 아무것도 아니라는 생각으로 육교 계단을 펄펄 날 듯이 걸음을 재촉해 간다. 어렵게 종종걸음 해서 결국은 서에 도착했다. 분실 신고를 하라 한다. 주소를 적는데, 주소가 특정될 때까지 철저히 기재한다. 핸드폰 외피의 색상은? 핸드폰 본체의 색상은? 외피 지갑에 들어 있는 내용물들은 무엇인가? 상세하게 계속 묻는다.

언제쯤이었냐? 어디서 분실했느냐? 어쩌다 그렇게 되었느냐? 육하원칙으로 모든 정보를 꼼꼼하게 취조한다. 몇 분 전에 유사한 습득물이 신고되어 경찰서 습득물 보관 서랍에 들어간 것을 알고 있는 담당 경찰관이다. 본심을 가리고 내색을 하지 않는 브러핑을 펼치고 있다. 얼굴 근육 하나 임의로 움직이지 않는다.

10여 분간 지루한 심문이 끝나고 형사는 습득물 보관 서랍에서 비닐봉지 안에 핸드폰 하나쯤 들어있음직한 크기의 물건을 가지고 나온다. 비닐 아랫부분이 힐끗 보인다. 잃어버린 핸드폰의 외피 색깔과 같아 보인다. 가까이 가서 확인하고자 했다. 경찰은 제지한다. 민원인이 있을 위치에서 조금도 안으로 들어오면 안 된다는 것이다.

이 물건이 민원인 것인지 확인하기 위해 또 심문이 계속된다. 이 속에 무엇이 있느냐? 주민등록증이 있다. 꺼내서 확인한다. 여권과 대조한다. 사진과 실물을 대조한다. 삼각관계를 복합 대조한다. 마지막으로 비번을 넣어 보라 한다. 핸드폰이 열린다. 그제야 이 물건이 민원인 분실신고자의 것임을 확인한다.

이제부터 인수서를 작성한다. 습득자가 습득 신고를 할 때 작성한 습득계 서류에 가릴 곳에 검은 테이프를 붙이고 복사를 한다. 형사가 지정하는 곳에 쓰라는 내용을 기재한다. 이렇게 엄격한 절차를 거친 다음에야 핸드폰을 건네준다. 습득자에게 감사의 말씀을 전하고 싶다고 했다. 그럴 것 없다고 한다. 혹시 연락이 오면 분실자가 고맙다고 하더라고 전해 달라니 형사는 건성으로 대답한다.

일본의 문명에 실낱같은 희망을 걸어본 것이 주효했다. 메이지 유신 이후 150여 년간 일본은 개혁 개방을 했다. 국민은 지구촌 일원으로 성장해 왔다. 제국주의와 태평양 전쟁에서 참혹한 질타를 받았다. 지금은 세계적 관광 대국으로 자리매김하고 있다. 일본은 배울 것이 있고 느낄 것이 있는 곳이다. 무게도 약간 나가는 지갑 속 핸드폰을 들고 15분가량 걸어 경찰서까지 가서 습득 신고를 한 도쿄 시민이 고맙다.

자유와 소통을 보여주는 미국 동부

뉴욕에서 우버 택시의 도움으로 관광을 즐길 수 있었다. 면허제도를 철저히 수행, 손님의 직무수행 및 친절도 평가도 면허 갱신에 영향을 미친다.

뉴욕에는 자유의 여신 탑으로 가는 선착장 근처에 6.25참전 기념탑이 있다. '유니버설솔저'이다. 6.25 참여국 22개국의 국기와 전상자 수 등이 적혀 있다. 총을 멘 군인을 형상화하여 넓적한 석판을 뚫어 놓았다. 빈 곳을 통해 자유의 여신상을 볼 수 있다. 매년 7월 26일 오전 10시가 되면 조그마한 햇빛이 그리스 국기가 새겨진 석판에 비친다. 휴전 일시를 의미한다. 초중등에 다니는 손자들은 관심이 없는 것이 이상할 정도이다.

수학박물관은 초등학교 학생들의 놀이터다. 수학이 무엇인지보다는 일단 놀이로 즐길 수 있는 것, '이것이 수학이다'를 보여주고 있다. 연필로 풀어보기 전에 체험을 통해 수학을 이해할 수 있게 되어 있다. 메트로폴리탄 박물관 안의 이집트관이 웅장하고 세밀하다. 다양한 미라들이 전시되어 있다. 한국관은 일본, 중국의 그것에 비해 너무 왜소하다.

구겐하임미술관에는 시각 예술가 게고의 유작이 전시되어 있다. 기하학적 조각과 운동 조각이다. 종이에 그린 것은 없다. 보는 이의 눈이 움직일 때마다 전율을 느끼게 한다. 한국의 젊은이들이 설치미술을 준비 중이다. 60년대 서울을 주제로 한다니 청계천 모습을 보여주지 않을까 짐작해 본다.

센트럴파크는 1856년 뉴욕을 사람 사는 동네답게 만들었다. 당시 개발론도 있었지만, 지금 이곳에 공원을 만들지 않는다면 100년 후쯤에는 이 정도 넓이만큼의 정신병원이 들어서야 할 것이라는 말로 설득을 했다. 이러한 논리는 지금도 유효하다. 여의도 넓이와 비슷한 약 백만 평이다.

센터럴 파크 남단에 현대미술박물관이 있다. 60호(1호는 22.7센티×158센티)쯤 되는 큰 화폭에 단일한 진한 청색으로만 칠해진 작품이 있다. 세계 최초이기 때문에 그곳에 걸려 있을 수 있다. 예술교육은 어떻게 해야 할지 고민하는 시간을 가지게 한다.

뉴욕 자연사박물관에서 한국의 장승과 묘지 앞의 문인석과 닮은 남미와 캐나다의 장승, 문인석을 봤다. 아메리카 남북 대륙의 인디언과 고대 한반도 거주민은 3만 년 전에 나뉘어졌다. 그들 중 일부는 베링해협을 건너 아메리카 대륙으로 갔다. 당시 빙하기 말엽은 베링해협 육교가 있었다. 그들의 DNA의 원류는 우랄 알타이를 근거로 한다. 혈연 뿌리가 같다.

뉴욕의 지하철이 10년 전에 비하여 깨끗해졌다. 전엔 지하 철로 주변으로 쥐가 다니기도 했다. 차도를 야외 식당으로 인가해 주고 있다. 차가 주행하는 양과 주행 속도, 용도 등을 판단해 봤을 때 길의 인도 측 한 차선 부분을 야외 식당으로 허가해 주어도 차량 소통에 지장이 없을 것이라는 판단 아래 이루어진 결과이다. 관광객과 시민 편익을 고려한 조치라 할 수 있다.

개방과 소통에 의한 자유시장경제체제는 스스로 자정 능력이 있음을 보여주고 있다.

인생 최고의 희열은 빚 갚는 일이다

빚을 대신 갚아 줄 사람이 사라졌다. 세계 경제가 1~2년 이내에 좋아지리라 예측하는 사람이 줄어들고 있다. 미국의 기준 금리도 내릴 기미가 보이지 않는다. 대한민국은 만 개의 조가 모인 일경원의 부채를 안고 있다. 국민연금에서 정부가 진 미 실현 채무를 포함한 것이다. 정부가 개인의 부채에 대해 신경 쓸 여력이 없다. 은행들에게 호통이나 한번 쳐 주는 것밖엔 없다.

부동산 시장은 얼어붙어 있다. 거래가 실종되었다. 통상 거래량의 5% 수준이다. 은행 금리가 높은 상태이고, 주택담보 대출 문턱도 높은 현실이다. 지난 5년 이내 일었던 거품이 꺼지는 구조조정과정이 아직 완료되지 않은 상태이다. 향후 3년 이내 아파트를 매각할 때 그때까지의 은행 대출액 이자만큼의 가격 상승을 기대하기가 어렵다. 은행 대출 원리금 압박을 받는 대부분의 가계 대출자들이 지금 아파트를 팔 수 있다면 그나마 선방하는 것이다.

경제가 어려워지면 은행 대출금 금리가 지금보다 더 오를 것이다. 지금도 대출 원리금 갚기가 어려운데, 더 어려워질 전망이다. 빚의 크기는 총액보다는 매월 내야 하는 원리금의 부담 정도가 더 크게 다가온다. 대출 원금을 획기적으로 줄이지 않는 한 빚의 크기가 점점 늘어날 전망이다. 자영업자의 연체율이 5년 전에 비해 배가 늘었다. 번 돈으로 원리금을 못 내는 기업들도 늘어나고 있다.

연체하지 않고 빚을 갚아야 한다는 강한 의지를 가질 때이다. 빚을 갚는다는 것에 대해 어떤 경우일지라도 포기하지 말아야 한다. 남 탓하지 말라. 남에게 떠넘기지 말라. 내 빚은 지구상에서 오직 나만이 책임져야 할 책무이다. 빚 갚을 계획을 수립해 본다. 계획을 수립하려니 엄두가 나질 않는다. 버는 것은 변변치 않은데 쓸 곳은 많고, 줄일 수는 없고 막막할 뿐이다.

이러함에도 불구하고 이 사회에 출사표를 던져 본다. 높은 신용등급자로 새롭게 등극하겠다는. 채무에 대한 변제 계획을 세워본다. 계획은 세우는 것이 안 세우는 것보다 훨씬 낫다. 계획의 제일 조는 '나는 절대 포기하지 않는다' 이다. 눈을 부릅뜨고 현재를 분석하면 안개가 걷히듯이 하나하나 사물이 눈에 들어온다.

계획 두 번째. 채무를 모두 변제하고 난 다음 스스로에게 칭찬하고 만족과 행복에 젖어 있는 모습을 그려 본다. 이를 글로 써 놓는다. 세 번째로는 향후 5년간 가계의 수입과 지출을 엑셀로 짜본다. 남다른 방법을 찾아내야 한다. 우선 소비와 지출을 재구조화한다. 자구책을 강구해야 한다. 자본적 지출이 있다.

학원 수강료 등이 예가 된다. 자기계발비로 지출한 후 소득이 높아진다면 이곳에 소비해도 좋다. 투잡도 고려 대상이다. 팔 수 있는 것은 다 판다. 지출은 줄이고 벌이는 늘려야 한다. 계획은 머릿속의 상상을 뚜렷하게 눈에 들어오게 바뀌어 준다. 신념을 더욱 강하게 한다. 확신을 가져온다. 성공 가능성을 높여 준다.

이율이 높은 대출에 변제 우선순위를 둔다. 이곳을 집중 공략한다. 빚 갚는 것이 돈 쌓는 것보다 더 재미있다. 대출 한 건 해결하면 마치 돈 찍어 주는 전자제품 하나 사 들이는 것과 같다. 이 기계가 매월 찍어 주는 돈으로 원리금을 내기에 나는 더 이상 원리금에 신경 안 써도 된다. 현재 이자를 내는 금리보다 낮은 곳으로 옮겨 탄다. 더 이상 빚을 늘리지 않는다. 빚을 깨끗이 청산한 다음 스스로에게 그간 노고에 칭송해 준다. 인생 최고의 희열을 느낀다.

자서전은 스스로에게 큰 성과이다

자신의 생각, 정신, 신념, 이념, 철학 등을 기록으로 남기지 않는 사람은 가장 최신의 기억만 정확한 상태로 남아 있다. 기억은 날로 무뎌진다. 머릿속의 뇌는 고깃덩어리로 되어 있다. 기억은 상태에 따라 변질되기도 하고 때로는 날아가 버리기도 한다. 기억은 머릿속에 남아 있는데 찾을 길이 없어 무용지물인 경우가 허다하다. 자신이 중요하다고 생각하는 것, 옳다고 보는 것 등만 찾을 수 있다. 아군만 머릿속에 남는다.

날이 지날수록 추상화 수준은 높아만 간다. 그만큼 상세함은 줄어든다. 정교함도 사라진다. 글을 쓰지 않는 사람은 결국 조리 있게 말하는 습관이 점점 예전 같지 않아진다. 논리적이기보다는 감정적일 수 있다. 협의보다는 상대적 우위에 있는 무엇을 이용하여 독선을 관철하고자 한다.

자서전은 자신을 주제로 하는 글쓰기의 가장 좋은 분야가 된다. 자신에게 질문을 할 수도 있다. 그리고 자신이 답한다. 이러한 과정과 이벤트 모든 것을 기록으로 남긴다. 이런 것이 모여 자서전이 된다.

자서전의 첫 판에는 감추고 싶은 것은 감춘다. 두 번째 개정판에서는 감출 필요가 없겠다는 판단이 서면 과감하게 노출한다. 자신감이 더 커졌기 때문일 것이다. 자신을 알아보려는 시도 중 효과적인 방법 하나가 자신이 지금껏 지나온 행적을 되돌아보는 것이다. 자서전을 써보는 것이다. 자신이 어디에 관심이 있는지를 그간 잊고 있다가도 자서전을 통해 다시 만나게 된다.

사소한 관심사도 되살릴 수 있다. 자신의 관심 영역 안으로 소환할 수 있다. 인생사에 있어 몇 번에 걸쳐 실수한 부문도 있을 수 있다. 실수하게 된 원인은 무엇이었는지, 앞으로 이런 실수가 되풀이되지 않도록 하기 위해서는 무엇을 경계해야 하는지를 스스로에게 묻게 된다. 자서전은 죽기 직전에 쓰는 것이 아니다. 미리 쓰는 것이다. 죽기 한참 전에 쓰는 것이다.

더 나은 삶의 진로를 스스로에 묻고 싶을 때 자서전은 훌륭한 가이드와 동반자가 되어 줄 것이다. 자서전은 자신의 삶을 되돌아보는 것이다. 삶의 궤적을 알아볼 수 있는 귀중한 순간을 맞이하게 된다. 사소했던 일생사도 기록을 통해 재해석되고 의미가 재탄생하게 된다. 사소했던 일도 기록을 통해 평가해 보게 된다. 자신의 가치평가기준은 무엇이었는지, 또 어떻게 변화되었는지를 되돌아보게 된다. 삶의 가치기준을 발견하게 되는 계기가 된다.

자서전을 통해 자신이 보다 더 진솔해지는 순간을 맞이하게 된다. 시간이 지남에 따라 잊히는 과거의 사실들을 자신의 인생 자산으로 승화시킬 수 있다. 자서전을 완성한 다음, 다음 속편을 준비할 수 있는 밑거름이 완성되는 것이다. 완벽에 가까운 완성도를 지니고 있다 하더라도 얼마든지 보충 가능하다.

글이란 그만큼 항상 미완성 상태이다. 약간은 불완전 상태인 것이다. 좀 더 보완할 수 있다. 인생의 깊이를 더할수록 보완할 내용은 더 많아진다. 글을 다듬고 개량해 나가면서 느끼는 것은, 그간 인생의 족적이 얼마나 느슨하고 허술했는가를 되돌아보게 된다.

자서전의 효과는 자신의 과거를 한번 되돌아봤다는 후련한 감을 가지게 한다. 완성도가 어떤가를 따지기 전에 자서전이 현 단계에서 완성되었다는 점에서 뿌듯함을 느끼게 된다. 명확한 목표를 세우고 목표에 도달하는 인생사가 그리 많지 않다. 그런 점에서 자서전의 완성은 스스로에게 큰 성과임을 인식시켜 줄 것이다. 한때의 허울을 기록으로 남김으로써, 두 번 다시 더 이상의 허울로 남지 않게 된다.

시간 복 많이 지으세요

햇볕이나 달빛은 누구인지를 구분하지 않고 공평하게 비춘다. 시간도 누구에게나 공평하게 주어진다. 시간이란 자원을 제대로 이용하는 사람은 결국 여유를 가지게 된다. 밤낮없이 목적지로 옮겨주는 벨트가 있다. 이제는 지속발전성으로 가는 벨트로 갈아 타야 한다.

인생 앞에는 여러 종류의 벨트가 있다. 좋은 벨트를 선택해야 한다. 벨트별로 각기 가지는 속도를 인생의 성숙도 수익률로 표현할 수 있다. 투자처별로 벨트가 갖는 속도가 다르다. 투자 분야에 따라 평균 수익률이 다르다. 수익률에 따라 그곳에 올라탄 벨트의 속도가 다르다.

벨트가 출발하는 지점에서는 여러 벨트에 탄 사람들을 서로 볼 수 있다. 시간이 흐름에 따라 벨트별로 속도가 다르기 때문에 옆 벨트에 탄 사람을 더 이상 볼 수가 없다. 만나기 어려워진다. 수익률이 좋은 곳에 투자한 사람은 결국 속도가 높은 벨트 위에 있는 격이다.

마법의 75 법칙이 있다. 직사각형이 있다. 세로는 시간축이다. 연 단위이다. 가로축은 수익률을 나타낸다. 연간 수익률 3%, 25년 경과한 직사각형의 넓이는 75가 된다. 복리를 적용하면 이때가 원금이 두 배가 된다. 수익률이 5%로 올라가면 따블이 되는 시간이 15년으로 줄어든다.

좋은 나무를 심고 일정 기간이 흐르면 가치가 쑥쑥 올라가는 것도 75법칙을 따르고 있다. 아직 평당 몇천 원대의 야산이 있다. 토질과 풍토에 맞는 식재를 선정하여 식수하는 것이 좋은 벨트 위에 올라탄 것이다. 75법칙을 제대로 구현하는 것이다. 제대로 된 벨트를 타고 있다면 시간 복을 챙길 기회를 손에 잡은 것이다.

최근 금융감독원에서 투자처별 30년간 수익 변화를 발표했다. 백만 원을 투자했다고 하면, 주식은 28,930,000원, 채권은 17,000,000원 예금은 8,770,000원, 부동산은 5,200,000원으로 증식이 되었다. 75법칙에 의하면 주식의 30년간 연평균 수익률은 11.25%이다.

30년 동안 따블이 4회 반 연속으로 있었다. 이 기간에 주식을 샀다 팔았다를 반복한 사람에게는 해당하지 않는다. 여윳돈으로 꾸준히 투자처에 꽂았다. 지긋이 기다렸다. 시간 복을 제대로 챙긴 사람들에게 최고의 수익률이 전해졌다.

여윳돈은 쓰고 남은 돈이 아니다. 장래 여유를 위해 소액이지만 먼저 떼어 놓고 투자하는 돈을 말한다. 들어온 돈은 두 가지 중 하나로 나간다. 감가상각이 되는 소비형 지출, 감가상각이 되지 않은 투자형 지출로 나뉜다. 지금부터라도 소비형 지출은 최대한 억제해야 한다.

소비형 지출하는 돈과 헤어짐이 서운하다. 돈을 어루만지며 당부한다. "계속 함께 있어야 할 텐데 불기피하게 오늘 너와 헤어지는구나. 오늘 네가 나가지만 네가 나에게 다시 돌아올 때 네 친구도 함께 꼭 데리고 오너라." 하고 당부한다. 온누리 상품권으로 결제한다. 거스름돈을 모아 다시 온누리 상품권을 사서 사용한다. 결국 할인율은 30% 이상 혜택을 볼 수 있다. 카드 사용량을 줄인다. 신차 뽑는 계획을 재고해 본다. 출고된 지 3년 차 자동차가 가장 투자 대비 효과 비율이 높다.

투자형 지출은 투자수익률이 좋은 쪽을 택한다. 주식 한다는 것이 돈 따먹기식 놀음이 아니다. 매수와 매도 시점 간 주식가격의 차액을 챙기는 것이 아니다. 주식을 매입한다는 것은 그 회사의 오너십 일부 지분을 인수한다는 뜻이다. 투자는 지긋이 또 느긋이 해야 한다. 시간 복을 받을 수 있다. 여유로움이 점점 다가온다. 여유로움으로 인생의 지속발전성을 챙겨야 한다.

해시계 세상은 캄캄하다

1930년 인사동 통길에 엿장수가 나무상자 하나를 손수레에 싣고 지나고 있다. 이를 눈여겨 본 김성수 보성전문대(고려대) 교주가 이를 매입하여 보전 박물관에 기증했다. 이 나무 상자는 1669년 10월 14일 만들어진 혼천시계이다. 무게추가 풀리고 감기게 한다. 동력 공급장치이다. 시각은 지구본이 움직이면서 나타낸다. 국내 최초의 기계식 시계이다. 국보 230호이다.

수년 전 시계 속 태엽을 고치던 한 사람이 손가락을 다쳤다. 이를 가엾게 여긴 통치자는 가식의 눈물을 흘린다. 사람 중심 세상을 만들자. 태엽이 있었던 원천을 모두 폐기하라. 해시계를 사용하라. 시계에는 태엽이 없다. 모든 시계를 폐기하라고 하니까 전자식 시계까지 폐기당한다.

과거의 다른 나라의 구식 원자력발전소에 문제가 있었던 것과 태엽을 고치다 손을 다친 것이 같은 격이다. 현재 한국이 운용 중인 원전은 과거 사고가 난 것과는 안전 면에서 그 차원이 다르다.

전자적 시계와 같은 것이다. 태엽 시계와는 안전과 신뢰성 면에서 확연히 다른 것이다.

원전을 줄이고 태양광 발전 패널을 설치한다. 해시계 세상으로 돌아간 모습이다. 이번 장마에 부분적으로 그 마각이 드러났다. 태양광 패널이 홍수에 미치는 영향은 직접적이다. 모든 강 개천 등은 그만큼의 유역면적을 보유하고 있다. 유역면적 대비 태양광 패널이 널린 면적비가 20:1로 5%라면 해당 강의 유량은 15% 더 늘어난다.

태양광 패널 넓이만큼 강수량을 땅속에 묶어 두지 못하기 때문이다. 스펀지 효과를 못 얻은 강우량은 패널 밖의 지역에도 영향을 미친다. 토사도 함께 밀려 내려온다. 홍수 피해에 결정적인 요인으로 태양광 패널이 그 중심선상에 있다. 15% 증가한 강의 유량은 강물의 높이에 있어서는 15% 이상 상승효과를 준다.

결국 홍수 피해는 태양광 패널이 주범이 될 수도 있다. 산사태는 빙산의 일각일 뿐이다. 호수에 태양광 패널을 설치한 곳이 있다. 물은 자정작용을 해야 한다. 그래야만 썩지 않는다. 자정작용을 위해서는 햇빛이 필수품이다. 자정작용은 안중에도 없다고 생각한다.

해시계는 해가 지면 무용지물이다. 태양광 패널도 마찬가지이다. 현재 태양광 패널 시공 면적이 여의도의 15배이다. 15녀섬(면적단위)이다. 원전 2기 정도라고 한다. 이는 잘못된 비유이다. 24시간 기저전력을 생산하는 원전을 구름이 끼거나 해가 지면 맥을 못 쓰는 태양광과 비유할 수는 없다.

아랍에미레이트(UAE)에서 낭보가 날아 왔다. 바라카 원전 1호기에서 전력을 생산해 전력 사용처로 송전에 성공했다는 것이다. 1기의 최대용량 중 20%를 송출했다고 한다. 원전 기술은 세계 최고이다. 약속한 안전성과 성능을 지켜서 약속한 일정 안에 약속한 예산으로 원전을 완공했다. 세계 원전 상거래상 초유의 일이다.

90년 전 인사동 엿장수 손수레에 실려 나온 혼천시계의 운명과 같다. 나무 상자 밖에는 APR1400이라고 씌어 있다. 전 세계에서 표준설계인증을 취득한 유일한 시스템이다. 미국 원자력규제위원회(NRC)가 1년 전에 부여했다. 이 고물 상자가 해체되어 땔감으로 가느냐, 회생하여 국부를 창출하는 엔진이 되느냐? 모든 것은 생각에 달렸다.

3부

수학이 답이다

그걸 어떻게 아셨어요?

    10살이 채 안 된 초등학교 3년생이 묻는다. 그 지식을 알게 된 계기, 과정과 현재 활용 정도는 어느 정도인지를 물어보는 것이다. 한 가지 지식을 알게 된 시점부터 지금껏 어떻게 다뤄 왔는가를 주마등 스쳐 가듯이 회상하게 된다. 처음 어느 지식 하나를 취득하게 된 계기는 무엇이었나?

    그 지식에 대해 알아야 할 이유가 얼마나 급했나. 얼마나 긴요했나. 알아도 그만 몰라도 그만인 것이었나. 시험 치르기 위해 준비상 어쩔 수 없이 필요해서인가. 사회생활상 도움이 되기 때문인가? 접근하게 된 또는 알게 된 계기가 천차만별로 다르다. 계기가 긴박하면 긴박할수록 그 지식은 머릿속에 잘 남아 있게 된다. 머리에 들어오는 순간 강력한 유인 또는 유발 인자들이 그 지식을 둘러싸고 있게 된다.

    한 가지 지식을 습득하는 순간 그 지식에 대해 얼마나 체계적으로 이해하면서 받아들였는가가 관건이다. 원리나 원칙을 바탕에 잘 깔고 있는가. 그 지식의 인프라에 대한 이해와 배경 및 연관된 것들과의 관계성을 이해하고 있는가? 향후 이 지식이 살아 생명력을 발휘하게 될 때 얼마나 건전하고 왕성하게 활동할 것인가? 이에 대한 잠재 에너지의 크기를 결정해 준다.

지식을 자신의 것으로 만들 때 추상적 사고와 콘크리트 사고의 둘 중 어느 하나의 형태를 가지게 된다. 콘크리트 사고는 특히 이념 지향적 집단이 가지고 있는 사고의 방법이다. 한 번 잡힌 사고는 시대 상황, 여건 변화, 주변 환경 등에도 변화가 없다. 움직임이 없다. 어느 지식에 대해 콘크리트 사고를 지닌 사람들은 추상적 사고를 가진 사람들을 볼 때 줏대가 없다거나 논리가 엉성하다고 말한다. 추상적 사고를 가진 사람들은 그들이 가진 지식을 지식 구조화 모델을 이용하여 지식을 진화시켜 나가고 있다.

지식의 구조화가 잘 되어 있다면 그 지식이 살아 움직이듯이 시대에 맞게 갱신해 나갈 수 있다. 한 가지 지식을 이루는 틀은 상위 구조(수퍼)로서의 클래스를 가진다. 한 클래스는 2세를 가질 수 있다. 서브 클래스라 한다. 서브 클래스도 또 그들의 2세를 가질 수 있다. 원 클래스에서 보면 손자뻘 클래스가 달려 있다. 지식은 상세하려면 그 끝이 없을 정도이다. 계층마다 클래스가 있다. 아래 계층으로 내려 갈수록 더욱 상세해진다.

모든 클래스는 상위 클래스와 하위 클래스 간 유기적 관계를 지닌다. 같은 수준에 있는 클래스는 형제간에 해당한다. 같은 수준에서 먼저 언급되는 클래스 즉, 왼쪽에 있는 클래스가 개념 범위가 조금 넓다. 모든 지식은 지식 구조화의 체계로 정리하여 펼칠 수 있다.

클래스 중 아래쪽으로 갈수록 구체성을 띠게 된다. 어느 특정 지역에 관한 데이터 등이 예가 될 수 있다. 이러한 데이터들은 시계열적으로 관리할 수 있다. 시간이 변하여 새로운 데이터가 나타나면 새로운 객체를 생성하여 붙일 수 있다. 모든 클래스들은 주변의 클래스와 상호 교류하면서 자신의 클래스에 대한 의미를 정제하며 나간다. 정부 조직법에 의한 조직도가 흡사하다.

모빌리티(미래형 이동성)라는 최상위 클래스가 있다고 하자. 그다음 아래의 클래스로는 모빌리티 개요, 모빌리티 수단, 미래 모빌리티 등으로 구성될 수 있다. 모빌리티 수단이라는 클래스의 2세에는 육, 해, 공, 융합의 클래스가 각각 있을 수 있다. 육지 클래스의 2세 클래스에는 트럭, 승용차 등의 클래스가 있을 수 있다. 지식 구조화 모델을 어떻게 구성하느냐가 매우 중요하다. 암기할 필요가 없다. 그저 자연스럽게 머릿속에 존재하는 것이다. 국제 표준은 없다.

각자가 가지는 지식 구조화 모델의 품질에 따라 지식을 융복합하거나 응용하고 활용하는 품격이 달라진다. 연설할 때 A4가 필요없다. 책을 편집할 때도 독자 편의성을 제공할 수 있다. 추상화 사고를 멋지게 할 수 있는 근거도 바로 지식 구조화 모델에서 출발한다. 새로운 지식을 받아들일 때 그 지식에 관한 기존의 지식 구조화 모델도 함께 갱신하여야 한다. 미래 환경 변화에 대해 적응 가능한 지식을 유연하게 유지하기 위해서이다.

동전 둘레에 톱니무늬는 왜 있죠?

초등 3학년 사내아이의 귀여운 질문을 받았다. 질문은 지식의 분이다. 질문을 하는 사람은 자신이 원하는 지식을 차곡차곡 쌓을 수 있다. 일상적인 것을 그저 당연하다고 받아들이지 않는 것, 이것이 훌륭한 태도이다. 질문을 한 초등 3학년에게 구현한 칭찬을 보낸다.

나는 질문을 받고 내가 아는 것을 통해 찾게 됐다. 중학교 케학 시절 상업 시간 선생님이 하신 말씀을 나는 기억하고 있다. 동전의 둘레를 깎아 사욕을 챙기는 것을 방지하기 위해서라고 답해 주었다.

처음 동전에 톱니무늬를 넣은 사람은 아이작 뉴턴이다. 만유인력을 발견한 영국인 과학자. 따라가 비상했다. 1700년대 초중, 영국조폐국에 취직했다. 은화 동전이 유통되면서 동전의 크기가 점차 줄어든다. 자신의 손에 들어온 동전의 둘레를 조금씩 검도 깎아 낸다. 이를 모아 수집상에게 돈을 받고 판다. 동전의 마모로 인래의 가치를 보전할 수 없었다. 이를 해결할 아이디어를 뉴턴이 제안했다. 동전 둘레에 톱니무늬를 넣자는 것이었다. 동전 둘레를 깎아 먹지 못하게 한다. 톱니무늬가 뭉개지면 동전으로 취급받지 못한다.

우리나라 최초의 근대적 동전 5푼에 톱니무늬가 있는지 살펴보았다. 5푼(分)짜리 동전. 10푼이 모여 1전이 된다. 둘레는 꽃잎 형상이다. 압인하여 제작했었다. 가운데 구멍은 없다. 1894년 생산했다. 재료는 적동이다. 동전 둘레에는 '개국 503년 5 FUN'이 새겨져 있다. 둘레에 톱니무늬는 없다. 꽃잎 끝자락을 칼로 갈아 내기 어렵다고 본 것일 것이다. 또 동전에서 적동을 갈아 경제적 이득을 얻기 어려울 거라고 봤을 것이다.

백 원 동전은 1970년에 처음 주조되었다. 백 원 동전 하나의 가치를 지금의 가치로 환산해 본다. 백 원으로 1970년 당시 라면 두 그릇하고 왕복 시내버스 요금을 치를 수 있었다. 동전의 둘레에 톱니무늬를 넣었다. 110개의 마루가 있다. 시각 장애인이 동전의 둘레를 손가락으로 만져보면 백 원짜리 동전임을 알 수 있다. 나는 조폐공사에 물어봤다. 왜 백 원 동전 둘레에 이 무늬를 넣었냐고? 보안 요소 중 하나라는 답변을 들었다. 좀 어렵게 들렸다. 백 원짜리 동전의 유통 중 원본을 보전하기 위해 손괴 방어용 등 여러 목적 보안 요소들이 들어 있는데 그중 하나라는 뜻이다.

백 원짜리 동전을 바닥에 놓고 가운뎃점을 표시한다. 톱니무늬 27개 또는 28개마다 표시를 한다. 모두 4개를 표시할 수 있다. 각 표시된 점들 간의 각도가 대략 90도가 된다. 동전의 중심 기준으로 특정 두 지점 간의 벌어진 각도를 개략적(오차 약 1도 정도)으로 알 수 있다.

　인류역사상 처음으로 동전 둘레에 톱니무늬를 넣은 아이작 뉴턴, 그는 동전 디자인 혁신, 조폐 시스템 표준화, 화폐생산설비 재구조화, 화폐 생산력 6배 향상 등을 이루었다. 조폐국에서 뉴턴은 영특하고 근면 성실했다. 당대 희대의 화폐 관련 사기범을 뉴턴의 지략으로 잡았다. 복권을 위조한 피의자였다. 그를 사형에 이르도록 했다. 한마디로 뉴턴은 근대 화폐 제조의 아버지이다.

　결제 수단의 사이버화로 지전 및 동전이 점점 없어지고 있다. 결제의 본 의미가 손상되지 않도록 보안을 유지하는 기술은 더욱 진화되어야 한다. 현재의 사이버 환경에서 결제 제도의 무결성을 보장하는 새로운 뉴턴을 기다리고 있다.

공부는 언제나 필요하다

　팔순 연세의 여덟 명이 오십여 년 전부터 친구로 모여 지내는 모임이 있다. 모두 무료하게 시간을 보낸다. 학창 시절 공부하던 습관이 늙어서까지 유지되지 못한 것이다. 우리나라도 초고령화 사회 진입을 앞두고 있다. 65세 이상의 인구가 전체 인구의 20%를 넘는 사회가 된다. 자신의 소비나 소득 수준에 만족하는 이들은 10% 수준에 불과하다. 유엔이 정한 연령대별 세대 명칭은, 18세 ~65세는 청년, 66~79세는 장년, 80~99세는 노년, 100세 이후는 장수 노인으로 부른다. 80 미만은 '노' 자를 붙여서는 안 된다. 아직 노인이 아니다.

　습관이 인생이다. 공부하는 속에서 인생을 발견하게 된다. 공부에 대한 잘못된 인식이 있었다. 시험에 필요한 것, 그것이 공부였다. 인생을 보다 더 잘 살아가기 위해 생애 공부가 필요하다. 독서는 국민을 현명한 상태에 있게 한다. 국민이 현명해야 나라가 현명하다.

공부는 삶을 충만하게 한다. 왜 공부해야 하는가? 생각을 잘하기 위해서이다. 글을 쓴다는 것은 말을 조리 있게 하는 준비운동을 하는 격이다. 글을 읽고 쓴다는 것이 공부다. 글을 읽지 않는 사람들의 대화 주제는 남을 욕하는 것이다. 희망이 없다. 주어진 대로 흘러가기를 원할 뿐이다. 무료하기 짝이 없다. 돈 없어 죽겠다는 사람보다 심심해서 죽겠다는 사람이 많다.

공부는 삶을 재미나게 변화시켜 준다. 관심 분야를 넓힐 수 있다. 다른 분야에서 일어나는 일과 해결해 나가는 모습에서 지금 내가 해결하고 싶은 것, 골치 아픈 문제를 해결하는데 새로운 영감을 얻을 수 있다. 다양한 분야에 관심을 갖는다는 것은 인생을 행복으로 바꿔주는 촉진제가 될 것이다.

공부는 사람에게는 어느 대상이나 주제에 대해서 명료함을 더해 준다. 머릿속의 여러 지식은 습득한 시간과 계기는 다르지만 결국 비슷한 지식끼리 군집을 이루고 있다. 공부를 하지 않으면 지식이 군집을 이루고 있는 상태가 깨지게 된다. 인근의 유사한 지식의 도움으로 다른 지식을 이해했던 이로움이 언제 있었느냐는 식이 된다.

모든 지식은 항상 갈고 닦아야 한다. 갱신되어야 한다. 세월이 지나가고 있는데 지식이라고 변하지 않고 그대로 있을 리가 없다. 인근의 지식이 변하면 옆에 있던 지식도 조금 변하기 마련이다. 머리는 가만두면 시간이 지날수록 모호해진다. 흐릿해진다. 애매해진다. 긴가민가해진다. 과거, 가치판단기준에 따라 명확하게 판단했던 것도 예전과 달라진다. 오락가락해진다.

제대로 한 공부라면 지식의 구조화가 날로 더 잘 형성되어 간다. 공부는 지식의 구조화를 더욱 발전시키기 위한 내재적 요구에서 일어난다. 균형감각을 가지게 된다. 외골수에서 벗어나게 된다.

글을 쓰다 보면 말할 때 조리 있게 할 수 있다. 글은 말하는 것의 설계도와 같다. 글을 쓸 때도 설계를 한 후 글을 쓰게 된다. 글은 말의 줄거리이고 골격 같은 것이다. 말을 조리 있게 잘하는 사람이 글을 쓰지 않는 경우는 드물다. 사용하는 언어가 명료해진다. 듣는 사람이 편하게 들을 수 있다. 의미 전달에 있어 효율적이다.

보다 높은 수준의 지도력을 갖춰나가야 한다. 공부가 필수다. 학습하는 것이다. 습관처럼 하는 것이다. 할 수 없는 이유가 주위에 널려 있다. 바쁘다. 몸이 좀 아프다. 마음이 안정되어 있지 못하다. 정신이 없다. 마음이 내키지 않는다. 못 하는 이유는 수두룩하다. 그럼에도 한다. 이것들이 쌓여 큰 보람을 얻게 된다.

공부를 한 결과 자신의 견해를 가질 수 있다. 문제 해결에 있어 해결안을 낼 수 있다. 선진국 초고령사회 국민 모두는 오늘도 일신우일신 한다.

수학과 추상화

수학을 배우는 학생들의 80% 이상은 수학을 왜 배워야 하는지 이해를 못 하고 있다. 성적과 진학이라는 목표 달성을 위한 범주에 속하니까, 할 수 없이 수학을 공부해야 한다고 생각한다. 수학은 머리를 영리하게 발달시킨다. 삶을 만족하게 한다.

대화 중 '너무 추상적이다'라는 말을 가끔 한다. 여기서 '추상적'은 수학이 없다는 의미를 가지고 있다. 수학은 사물을 추상화하는 데 유용한 도구이다. 추상화를 이해하면 수학을 잘할 수 있다. 또한 수학으로 추상화를 잘할 수 있다. 수학이 추상화를 추진하는 데 가장 유익한 도구로 활용된다.

수학은 추상화가 정확하게 이루어졌는지를 검증해 보는 절차를 제공한다. 예를 들어서 더하기가 필요한 이유는 두 숫자를 하나의 숫자로 만들어 편하게 관리하는 것, 이것도 추상화의 한 모습이다. 두 숫자가 갖는 의미를 손상하지 않고 원의미를 유지하기 때문이다.

추상화는 하나의 추상화 대상(사물)에 대해 이미지를 추출하는 것을 말한다. 피카소가 그린 추상화와, 복잡한 것을 단순명료하게 바꾸는 기술, 추상화는 앞의 두 자 '추상'과 같은 의미이다. 뒤의 '화'자는 '그림 화'자와 '될 화'자로 나뉜다. 추상화는 어떤 주제를 상세화함에 있어 너무 세밀해져 진창에 빠지지 않고, 어떤 주제에 대해 핵심이 되는 입장에 집중하도록 한 것이다. 곧 어떤 수준에서 전문적인 것을 일반화해 표현한 것이다.

말을 재미나게 잘하는 사람들은 주제어를 빠트리지 않는다. 주제어들이 상호 작용을 하면서 논리가 정연하다. 과정과 결과가 가치를 지니고 있다. 남에게 전달해 주고 싶다. 추상화를 잘한 결과이다.

논문이 추상화가 잘된 것은 어려운 논문일지라도 간편하고 또 재미있게 이해할 수 있게 해준다. 논문의 의미를 보다 쉽고 일반적인 개념으로 이해할 수 있게 돕는다. 이론적으론, 더 잘된 추상화는 다시 원래의 논문으로 회귀시킬 수 있다.

추상화는 핵심을 간결하게 표현하면서도 중요한 의미를 모두 담아야 하니까, 어떻게 보면 그 과정이 추상적인 개념들을 구체화하는 것이다. 동시에 구체적인 것들을 핵심만 남기고 다시 추상화하는 복잡한 작업이다. 그래서 이런 작업을 할 때는 핵심 메시지를 명확하게 잡는 게 중요하다.

한 이미지를 몇 개의 다른 이미지들과 연결을 시켜 본다. 약간 복잡한 상태라고 생각이 들 수 있다. 이때 여러 개의 이미지가 가진 내용을 대표성이 있는 간결한 새로운 이미지로 표현하는 것, 이

것이 추상화한 예가 된다.

자연의 모습을 그림으로 표현할 때 사실 그대로 그릴 수는 없다. 부분별로 대표적인 이미지를 추출하여 표현한다. 이러한 행위가 추상화 행위의 한 예가 될 수 있다.

왜 추상화가 필요한가? 필요한 만큼의 정보를 원한다. 필요 이상으로 너무 상세한 정보는 불필요한 주의와 집중을 요구하게 된다. 효율적으로 실상을 파악하는 데에 추상화 서비스가 필요하다.

수학을 통해 추상화를 생활화한다. 엄밀한 추상화를 해 나갈 수 있다. 수학적 검증을 통해 추상화의 품질을 유지할 수 있다. 추상화를 이해하면서 수학을 이해하게 된다. 수학이 더욱 친근감 있게 느껴진다. 또한 미술도 추상화 과정을 통해 작품이 만들어진다. 회화 조각 등 미술작품을 보면 어떤 추상화 과정이 그 속에 숨어 있는지 알아볼 수 있다.

AI에게 물어본다. 내가 추상화한 것과 AI가 추상화한 결과물을 비교 검토해 본다. 추상화를 처리하는 AI의 정교함에 놀라게 될 것이다. 사람의 머리가 정교해지려면 어떻게 해야 할까? 수학이 답이다.

수학이 우리를 지혜롭게 한다

수학은 국력이다. 수학을 포기하는 학생이 해를 거듭할수록 늘어나고 있다. 초등 6년생 중 36.5%, 중등 3학년생 중 46.2%, 고등 3년생 중 59.7%가 수학을 포기한 학생이라는 통계가 있다. 국력에는 하드 파워와 소프트 파워가 있다. 수학은 소프트 파워를 이루는 핵심 요소이다. 수학을 살려야 대한민국에 미래가 있다. 이공계 대학의 교수들은 신입생들의 수학 실력이 날로 떨어져 가고 있다고 말한다. 대학에 입학한 신입생들에게 과외 활동으로 수학을 가르친다.

수학은 다른 과목과 다르다. 국어와 영어는 열심히 하면 성적이 오른다. 수학은 그렇지 않다. 수학은 단계별 이해와 응용능력을 갖춰야 그다음 높은 단계의 수학을 다룰 수 있다. 어느 단계에서 진도를 소화 못 하고 놓치면 그다음으로 이어지는 수학은 계속 겉돌게 된다. 수학의 특징은 부품들을 가지고 잘 결합해 다음 단계의 높은 능력을 발휘하게 한다.

부품 중 어느 하나라도 완전하게 자신의 것이 아닌 상태이면 다음 단계로 진입할 수가 없다. 어느 단계에서 수학을 푸는데 막히는 경우, 필시 그 이전 단계의 수학이 잘못 이해된 결과이다. 발견해 바로잡아야 한다.

차세대들이 어떻게 수학에 접근하는지 유심히 볼 필요가 있다. 문제지와 학원이 그들을 더욱 깊은 수학으로 안내한다. 사고능력 증대와 비례하여 수학 과정이 높아져야 한다. 그렇지 않으면 수학은 부담으로 다가온다. 학교는 수학 교육 주도권을 상실한 지 오래다. 생활 속에서 물리와 함께하는 수학을 차세대에게 안내하여야 한다.

생활 속에 수학이 숨어 있음을 발견하게 한다. 수학은 내 친구라는 구호를 가진 곳이 있다. 미국 뉴욕시 맨해튼 중심부에 수학 박물관이 있다. 수학의 어려운 수식과 기호는 하나도 보이지 않는다. 오로지 놀이 시설 같은 기구들이 즐비하다. 놀이 기구를 즐기면서 그 기구 속에 들어 있는 원리가 수학으로 표현된다는 것을 스스로 알게 한다.

모든 놀이 기구에 숨어 있는 수학을 한번에 다 알 필요는 없다. 성장해 나가면서 수학에 어려움의 정도가 점점 높아질 때 수학 박물관의 놀이 기구는 즐거운 상상력으로 다가와 도움을 줄 것이다. 구슬을 위에서 아래로 떨어지게 한다. 떨어질 때마다 두 곳 중 한 곳으로 떨어지게 한다. 위에서 아래로 10단계에 걸쳐 구슬이 떨어진다. 떨어질 때 왼쪽 오른쪽 둘 중 한 곳으로 떨어진다.

100개의 구슬이 다 떨어지고 난 모습은 어떻게 될까? 이것을 몇

차례 반복해 보면 어떻게 될까? 구슬이 떨어진 현상을 관찰한 사람은 일생에 통계란 무엇인지를 제대로 이해하게 될 것이다. '통계와 확률은 무엇이다' 라고 듣는 것보다는 한 번 실증적 경험을 해 보는 것이 더욱 도움이 될 것이다. 이러한 도움을 주자는 취지에서 수학 박물관은 존재하고 있다. 국민의 사랑을 받고 있다.

곱셈에서 위로 올리는 십 단위 숫자의 의미

십 단위 숫자가 지닌 의미를 파악하지 못한 상태에서 곱하기를 기계적으로 한다. 두 자릿수 곱셈은 초등학교 3학년 때 배우기 시작한다. 두 수를 세로로 쓴다. 두 수중 맨 오른쪽 단 단위 수를 곱해서 올리고 다음 자리를 또 곱해서 먼저 올려진 수와 더해서 쓰는 세로 셈 방법으로만 가르친다. 처음으로 접하는 아이들은 이 모든 절차가 왜 이래야만 하는지 이해가 안 간다. 수학은 절차가 까다로운 것이라는 생각이 든다. 수학은 나하고는 맞지 않는 과목인 것처럼 느껴진다.

수학은 원래 참 재미나는 학문이다. 학창 시절 여러 과목 중 가장 신경 쓰지 않고도 높은 성적을 얻을 수 있는 유일한 과목이다. 그럼에도 요즈음 수포자(수학을 포기한 학생)들이 점점 더 늘어난다. 학년이 위로 올라갈수록 수포자 비율이 많아진다. 초등학교 3학년 때 10%였던 것이 고 2쯤 되면 60% 이상이 수포자 반열에 들어선다. 수학은 골치 아픈 과목이라고 설레설레 머리를 흔든다.

왜 이러한 현상이 생기는 것인가? 학부모들의 욕심이 커지면 커질수록 수포자는 늘어나게 된다. 학부모들은 수능 점수에 연연한다. 선행학습이라는 달콤한 유혹에 빠진다. 선행학습의 최대 문제점이 있다. 학생이 길러 나가야 하는 상상력이 스스로 확장할 수 있는 원리를 못 갖춘다는 점이다. 학습보조자가 지어주는 상상만으로는 스스로 만족할 만한 상상력을 키워나갈 수 없다.

자신이 스스로 만들지 않은 상상력은 자신의 지적 활동에 체화되지 못한다. 내재화되지 못한다. 잠시 머물다가 잊히거나 증발하고 만다. 응용하는 데 한계가 있게 된다. 수학이 인류에게 주는 유익한 면들이 선행학습 때문에 훼손되고 있다. 수학의 유익한 면들을 살리는 데에 제약을 가진 학생들을 키우는 것이다.

수학에 있어 선행학습은 학생에게 독을 주입하는 것과 같다. 선행학습을 금지하는 이유는 간단하다. 학생에게 상상력을 기를 수 있는 시간적 여유를 주어야 한다. 충분한 상상력을 동원하여 해당 문제를 수학적으로 푸는 능력을 갖췄을 때 다음 단계의 수학으로 진행하여야 한다.

곱셈은 평면에서 일어난 것이다. 세로선과 가로선이 90도로 직교한 환경에서 벌어진다. 곱셈이 나오는 수 1을 직선상에서 1센티로 표시할 수 있다. 곱셈에서 먼저 쓰인 수만큼을 가로축에 길이로 표시해 놓는다. 곱셈에서 뒤에 쓰인 수만큼을 가로축에 길이로 표시해 놓는다.

이렇게 곱셈의 결과는 가로축과 세로축의 길이만큼을 변으로 하는 사각형의 면적이다. 곱셈 과정에서 위로 올리는 수는 그림에서 어디에 있는지 확인해 볼 수 있다. 초등학교 3학년생들은 사각형 면적과 곱셈의 결과를 서로 대조하는 놀이를 즐길 수 있다.

2차원 평면상에서 곱셈을 놀이하듯 학습하는 것은 학년이 높아지면 유용함을 알게 된다. 행렬식을 이해하는 데에도 도움이 된다. 아인스타인의 상대성이론을 설명하는 유명한 공식이 있다. 이 공식은 우유 팩에도 그려져 있다. 이 공식 중에 빛의 속도를 자승한다는 기호가 포함되어 있다. 자승은 서로 한번 곱한다는 뜻이다.

세로축에 먼저 나오는 빛의 속도 즉 초당 30만 킬로를 표시한다. 가로축에는 두 번째 나오는 빛의 속도인 초당 30만 킬로를 표시한다. 세로축과 가로축이 마련되었다. 곱하기를 진행한다. 꼭짓점에서 출발한 폭발이 초속 30만 킬로로 진행하여 앞으로 나간다. 세로와 가로가 서로 같은 지점마다 면적을 생성한다.

면적은 단위 면적으로 잘게 조성된다. 수많은 극소 면적이 수십만 분의 일 초 동안 생성된다. 이 극소 면적마다 에너지가 만들어진다. 빛의 속도를 자승한 실제의 물리적 현장을 상상해 본 것이다. 초등학교 때 곱셈을 그림으로 풀어본 학생들이 상상력으로 접근 가능한 수준이다.

분수 셈에서 얻는 지식과 지혜

`

초등학교 5학년 수학 과정에 분수 간에 더하기가 나온다. 분모의 값이 서로 다른 경우이다. 분수 더하기 문제는 스토리텔링식으로 제시하고 있다. 서하는 파란색 끈 7분의 5미터와 붉은색 끈 9분의 7미터를 샀다. 모두 몇 미터를 샀는가? 이 문제를 해당 학령의 학생이 풀 수 있다. 기계적으로 푼다. 푸는 법칙을 익힌 대로 푼다. 분모가 각기 다른 분수 끼리끼리 덧셈이다. 무엇보다 먼저 통분을 한다. 그리고 푸는 순서에 따라 답을 구한다. 이 문제에서 무엇을 깨우치게 하고 싶은 것일까?

이 문제를 푸는 과정을 상상한다. 덧셈을 하려면 먼저 확인해야 할 것이 있다. 덧셈을 할 두 물체 간 물성이 같아야 한다. 단위가 같아야 한다. 두 물체 중 하나의 단위는 킬로그램으로 되어 있고 다른 하나는 센티미터로 되어 있다면 덧셈을 할 수 없다. 단위를 같게 한쪽으로 변환시켜야 한다. 한쪽이 종이로 만든 끈이고 다른 한쪽은 비닐 계통의 재질로 만든 끈이라면 덧셈할 의미가 제한적일 수밖엔 없다.

이 문제에서 한쪽은 파란색이고 다른 한쪽은 붉은색이다. 색은 다르더라도 문구점에서 살 때 미터당 단가가 같은 경우 덧셈을 할 의미가 충분하다. 단가를 색깔별로 두 번씩이나 곱한 다음, 그것을 다시 합산한다. 우선 길이에 대해 덧셈을 한다. 곱셈을 한 번만 하면 된다. 그러면 셈이 간단해진다. 미리 덧셈할 타당성이 있는 것이다.

수학 문제가 시험지에만 있는 귀찮은 존재는 아니다. 다음은 답을 내기 전에 암산을 해본다. 이 문제의 경우 덧셈한 결과치는 2미터를 넘지 않는다. 파란색의 끈이 0.5미터 이상이고 붉은색 끈도 0.5미터 이상이다. 그러므로 양쪽의 끈을 합치면 최소 1미터 이상이 된다.

두 물체 간 더하기를 시행한다. 두 분수의 분모가 서로 다르다. 두 분수 간 분모를 같게 설정한다. 통분한다. 최소공배수 값을 구한다. 이 문제에서의 최소공배수 값은 63이다. 63은 분모가 7인 경우 9배 늘렸다. 분모가 9인 경우 7배 늘렸다. 덧셈을 할 상대방의 분모를 배수로 차용했다. 각 분모의 현 숫자가 상대방의 분모 숫자에 대해 서로서로 작용하고 있기 때문이다. 각 분모의 값 즉 분모 값을 곱하면 두 분자 간의 공통의 분모 값을 얻을 수 있다.

통분 과정을 머릿속으로 여러 가지를 상상할 수 있어야 한다. 이들 중 하나, 곱한다는 것은 가로와 세로의 숫자를 곱하는 것이다. 곱한 결과치는 넓이로 나타난다. 파란색 쪽 분수 원래 분모의 수는 7, 통분하면서 9를 곱했다. 가로로 7개의 타일을 그린다. 세로로 9개의 타일을 그린다. 가로 7개와 세로 9개의 타일로 전체를 완성한다. 타일 판의 타일 개수는 63개이다.

파란색 쪽의 분수가 원래의 값을 가지려 한다. 분모가 9배 늘었다. 분자도 같은 값만큼의 배수로 늘어야 한다. 원래 분자가 5였다. 9배 늘어나니 45로 변했다. 결국 파란색의 분자는 63분의 45로 변했다. 붉은색의 분자와 직거래를 하기 위해 자신을 변환시킨 것이다.

붉은색 분수도 파란색 분수와 직거래하기 위해 변환한다. 이제는 두 분수 간 분모들이 공통 수가 되었다. 분모의 값은 63. 두 분수 간 자유롭게 직거래를 할 수 있게 되었다. 파란색 쪽 분수의 분자 값은 45, 붉은색 쪽은 49, 두 분자의 값을 합한다. 49를 45와 4로 본다. 45가 둘 있다. 90이다. 4를 추가한다. 94이다. 두 분수를 합한 값은 63분의 94미터이다.

값을 미리 암산한 것으로 검산해 본다. 2미터보다는 짧고 1미터보다는 길다. 1차 검산을 통과한다. 두 사람과 대화를 하고 의견을 조율하고 공감을 나누는 데에 먼저 공통 변수를 마련해야 한다는 것을 암시하고는 있지 않은지, 수학은 인류에게 진지한 의미를 던지고 있는 것이다.

수학 노벨상 수상을 축하하며

2014년 서울에서 세계수학자대회(ICM)가 열렸다. 세계 각국 수학자 5천여 명이 참석했다. 저개발국 수학자 1천 명은 모금을 통해 초청하였다. 주최 측은 내심 바랐다. 개최지 체면을 봐서라도 필즈상 한 명이라도 주겠지, 하고 기대가 컸었다. 결국 김칫국을 마셨다. 필즈상은 대회 개최 공로가 컸다고 한 푼 주듯이 하는 상이 아니다.

한국인 최초로 수학계 노벨상이라 하는 필즈상을 허준이 미국 프린스턴대 교수가 받았다. 한국인이 이제야 노벨상 문턱을 잡은 셈이다. 상금은 그리 많지 않다. 노벨상이 10억인 데 비해 필즈상은 1천5백만 원이다. 메달을 수여했다. 앞면에는 아르키메데스의 초상이 조각되어 있다. 메달 주위로는 "자신 위로 올라서 세상을 꽉 붙잡아라."라고 격려문이, 뒷면에는 "전 세계에서 모인 수학자들이 탁월한 업적에 (이) 상을 수여한다."라는 문구가 새겨져 있다.

이 상의 의미는 바로 이곳 메달에 쓰인 대로이다. 이미 완성된

업적을 표창하지만 이 상을 받은 사람은 그 분야에서 더 뛰어난 성취를 위해 용기를 북돋우며 다른 새로운 분야에 노력을 자극한다는 것을 알려 주는 것이다. 수상자의 연령을 40세 이하로 제한하고 있다. 수상을 한 다음 열심히 일할 수 있는 시간이 남아 있는 사람 중에서 선정한다. 허준이 교수는 마흔을 몇 달 앞둔 나이로, 수상자로는 최연소였다. 허 교수는 호암상 수학 부문 최초 수상자이기도 하다.

필즈상을 수여한 측의 수여 사유는 수학 학도들에게 희망을 준다. 대수기하학 방법론을 사용해 이산수학을 연구해 온 세계적 수학자로, 겉보기에 서로 무관해 보이는 두 수학 분야를 연결하는 이론의 틀을 고안했다. 허 교수는 완전히 다른 두 분야를 결합하는 연구 방법을 고안하였다. 조합론과 대수기하학을 결합하면서 인류의 수학적 난제들을 하나하나씩 해결해 나갔다.

대한민국의 공교육은 허 교수의 필즈상 수상에 얼마나 기여하였는가? 대입 평가에 측정이 용이하도록 모든 수학 교육이 조직되어 있다. 암기하거나 숙달된 방법으로 수학에 접근하게 되어 있다. 이러한 수학 학습은 필즈상과는 영영 멀어지는 것이다. 구구단을 먼저 외우게 해서도 안 된다. 구구단이 어디에 어떻게 사용되는지 알려 주지도 않고 외우게 한다. 구구단을 다양한 방법으로 친숙해지도록 안내하여야 한다.

모든 학문은 서로 연결이 되어 있다. 대한민국의 공교육은 과목 간 서로 연결시켜 학습하는 기회를 제공하지 못하고 있다. 허 교수는 문학, 예술 등에 심취한 적이 있었다. 다방면의 학문을 섭렵하는 것이 오늘의 필즈상 수상의 영예로 연결되었다. 허 교수는 "어렸을 땐 얽매이지 않고 많은 생각을 자유롭게 하는 훈련을 하면 좋을 것"이라고 제언한다. 표현하기 어려운 대상 즉 예술, 글쓰기, 수학 등을 표현한다는 점에서 같다.

수학은 수, 양, 공간, 변화, 구조, 논리, 연산 등의 원리를 수와 기호 등을 통해 연구하는 학문이다. 수리논리학·대수학·해석학·기하학 및 이를 응용하는 학문을 통틀어 이르는 말이다. 수학은 인간의 두뇌로부터 사고하여 만들어진 추상적인 이론들을 '수'(관리가능한 영역)라는 개념으로 이해하기 쉽게 표현한 것이다. 실제로도 물리학과 함께 인류 문명의 발전에 굉장히 큰 기여를 한 학문 중 하나로 평가받는다.

현대 과학자들은 수학을 물리학·화학·생물학·경제학·공학·의학 등 모든 것을 대상으로 하는, 과학을 풀어나가기 위한 핵심적인 도구로 사용한다. 컴퓨터에 프로그래밍 언어가 존재하듯이, 수학은 이공계열 및 경제학, 의학에서 사용하는 언어라고 볼 수 있다.

인간은 우주에서 가장 유일한 특징을 지니고 탄생한다. 그러나 유전적 인자에 의한 닮음도 있고 유전인자에 의해 유전병도 상속한다. 이러한 현상을 수학으로 표현하는 날이 올 것이다. 수학적으로 표현된 이 모델에 의해 유전인자에 의한 인류의 지속가능성 예측도 가능해질 것이다. 수학이 발달하면 할수록 물리, 화학, 의학, 경제 분야 노벨상 수상이 가까워질 것이다.

수학이 살아 숨 쉬는 사회로 가야

근대국가는 수학으로부터 시작했다. 왕정 시절에는 수학이 없었다. 대포에 수학을 얹어 놓았다. 발사각(탄젠트값)을 대포에 심었다. 조선 말 프랑스와의 전쟁인 병인양요, 신미양요 때 조선의 대포에는 수학이 없었다. 탄착점을 필요에 따라 변경시키지 못했다. 수학을 멀리한 전제 왕정은 수학을 채용한 근대국가에 의해 무너지기 시작했다.

나치는 1930년대 중반부터 국민으로부터 열광적인 지지를 얻어 냈다. 농촌민에게는 밀값을 올려주고, 도시민들에겐 빵값을 내려주겠다 했다. 민족주의 전제 국가로 치닫다가 결국은 패망하고 만다. 수학이 빠진 정책에는 필시 함정이 도사리고 있다.

세계 우량기업 반열에 있었던 한국전력은 적자 47조 원이 만들어지기까지 수학은 뒷전이었다. 비싼 신재생 에너지를 한전이 매입하여 그보다 싼 가격으로 전기를 판매하게 했다. 매입원가가 제일 저렴한 원전 공급량은 줄였다. 수학이 없었다. 대한민국 산업이 안정적으로 지속 성장할 수 있었던 것은 산업의 인프라가 탄탄했기 때문이다. 양질의 전기와 산업의 쌀이라는 철강이 안정적으로 받쳐 주었다.

연금 개혁에 수학이 힘을 발휘하지 못해 방향을 잃고 있다. 더 내고 덜 받으면 된다. 그러면 기금 고갈 시기를 늦출 수 있다. 연금 개혁에 저항하는 세력은 수학을 도외시한다. 더 내지 않고도 연금을 정상적으로 운용할 수 있다고 강변한다. 출산율이 급격하게 감소한 세대들이 보험료를 납부하는 시기부터 기금은 현격히 줄어들게 된다. 연금 고갈 시기가 눈에 보일 정도로 앞당겨진다. 연금 개혁 없이 이대로 간다면 청년들에게 무엇을 빼앗는 것인가? 대한민국이 이룩한 성장의 과실은 다 소진하고 청년들에게는 빈 껍데기를 건네주게 된다. 막대한 부채와 함께.

수학을 모르는 대다수는 잉여금, 적립금이 현금으로 회사 금고에 쌓여 있다고 착각한다. 그것을 왜 투자 안 하고, 안 나누어 주냐고 채근한다. 앞으로 받을 돈, 창고에 쌓인 자재, 팔리지 않은 상품 등으로 상대계정에는 자산의 상태가 다양하게 구성되어 있다. 수학을 안다면, 사업체 경영이 얼마나 어려운지를 알게 될 것이다. 수학을 안다면, 사업 경영에 많은 도움을 받을 것이다.

수학을 모르는 사람들은 각 회사의 매출액이 국민총생산액으로 집계된다고 알고 있다. 아니다. 각 회사의 매출액에서 사입비, 외주비 등을 공제한 금액이 국민총생산액에 집계된다. 이중 집계를 방지하는 장치이다. 회사가 잘되어야 국민 경제가 살아난다는 것을 보여 주는 수학 그 진실의 현장이다. 수학 없는 경제는 미신을 믿는 사회이다. 소문이 팩트보다 위력이 있다. 소문은 가벼워 멀리 쉽게 잘 날아다닌다.

기자들은 질문하라. 국민을 대신하여. 정치인들이 수학을 배경으로 깔지 않은 허언을 할 때, 명확함을 요구하는 질문을 하라. 가짜 정치인을 식별하는 방법은 간단하다. 수학을 쓰지 않으면 가짜다. 달콤한 말에는 특징이 있다. 헌신해야 할 몫은 온데간데없다. 단지 허황된 꿈의 모습만 눈에 가득 차게 한다. 집에 매어둔 소는 누가 키운다는 말인가?

팩트에 수학이 있어야 한다. 팩트는 숨어 있다. 수학을 함께 품고 있다. 좀 무겁다. 그래서 퍼져 나가는 데 둔탁하다. 가짜 뉴스에는 수학이 없다. 수학이 있는 진실은 믿는다. 수학의 유용함 이전에 수학의 필수불가피성을 가르쳐야 한다. 수학이 가진 한계성이 존재한다. 계량화하지 못하는 것에는 수학이 존재하지 못한다. 사랑, 인류애 등을 계량하기는 어렵다.

인류애를 발현하는 모습과 수학의 조화로운 절충 모습이 기대된다. 학생이 아닌 일반인들도 수학을 상시 배우고 활용하는 사회를 만들자. 그래야만 수학 없이 왜곡으로 흐르는 사회를 바로잡을 수 있다.

우리가 모르는 우리의 관행들

"내나 자식이 좋은 자리에 가게 되어서 한턱 쏜다."

우리의 문화이다. 그러나 마음 아파하는 사람이 있다는 것을 생각해 본다. 특히 외국인들은 이해하기가 어렵다. 주위 지인들에게 알리기만 해도 충분할 것이다.

"같은 학교 출신이면 뭔가 믿을 만하다고 본다. 같은 지역 출신이면 일단 밀어주고 싶다. 같은 성, 본이 같으면 밀어주고 싶다."

학연, 지연, 혈연, 이 그룹에 끼지 못하는 젊은이들이 받는 고통을 생각해 본다. 전근대적 인연을 해체해야 청년에게 미래가 보인다.

"돈이 모이지 않는 것은 돈을 적게 벌기 때문이다. 이자가 없는 돈은 안 갚아도 된다. 뒤에 갚는다는 것은 어느 순간을 놓고 볼 때 갚지 않고 있는 것이다. 주변 지인들 간에 사회안전망이 작동한다고 본다. 내가 하는 것은 투자, 남이 하는 것은 투기처럼 보인다. 아파트를 살 때는 오를 것을 기대한다. 공짜가 없다는 것을 아는 데, 나에게만은 예외적으로 공짜 기회가 있을 것이다."

개인은 경제의 주체로서 독립성, 자립성, 건전성, 책무성을 발휘할 때 경제 인식은 글로벌 표준을 행해 많이 변화할 것이다.

"지역성을 규탄하면서도 정치적 지역성을 향유한다. 과대한 민원을 한다. 안되는 것이라도 일단 추진해 본다. 일단 떼를 쓰고 본다. 정의롭지 못한 일에 규탄과 함께 가세하는 것이 사회정의라고 본다. 이때 내가 아는 정보도 첨가한다."

정치는 개인을 보고 할 수 없다. 개인은 정치를 개인에게 어쩌라고 요구할 수 없다. 법과 원칙에서 개인을 명기할 수 없기 때문이다.

"나는 이미 바뀔 각오가 되었기 때문에 남이 먼저 바뀌기를 원한다. 내가 한 판단은 여러 여건에 따라 어쩔 수 없이 한 것이다. 내가 전부 책임질 수 없다. 내가 시간을 헛되이 보낸 것이 아니라, 주변 여건이 그렇게 조성되어서 어쩔 수 없다. 건강이 나빠지는 것은 자신에게도 문제가 있겠지만 사회가 주는 스트레스, 공해, 불량식품 등에도 문제가 많다."

"내가 한 말의 깊은 뜻을 상대가 이해하지 못해 생기는 일이 종종 일어난다. 남이 성공하는 것에는 누군가 뒤에서 밀어줬기 때문이다. 내가 채용할 때는 경력자를 원하면서도 나는 고용을 지원할 때 경력이 미진해도 채용되기를 원한다."

자신의 인생에 대해 책임질 사람은 오직 자신뿐이다. 농경사회, 대가족사회에서의 가부장적 보호에 따른 안락감을 못 버리는 것이다. 공정성 마인드를 높여야 한다.

남으로부터 배운 것을 완전히 자기 것으로 만들지 못한다. 퇴직 후 할 일이 없는 것은 사회나 정치의 잘못이 크다. 인생 계획을 제대로 해야 한다. 돈을 얼마만큼 벌어 그것을 쓰면서 노후를 보내겠다는 것은 잘못된 것이다. 재미나는 일을 어느 정도 경제적 도움을 받으면서 죽을 때까지 하는 것, 그것이 보다 나은 생애 계획이 된다.

책을 안 읽는 것은 내 인생에 책이 그렇게 큰 역할을 해주지 않기 때문이다. 역사에 관심이 없는 것은 역사가 나에게 가르치는 것이 없기 때문이다. 역사에서 뭔가를 건질 것이 없기 때문이다. 암기를 잘하면 공부를 잘 할 수 있다. 교육은 학교에서 하면 된다. 가정은 아이들이 학교 가는데 불편 없이 해주면 된다. 부모들은 바쁘다. 학교 교육이 부족하면 학원에 보내면 된다. 다 큰 자식들에게 가정교육을 할 수가 없다. 자식들이 부모보다 더 많이 알고 있기 때문이다.

교육이 어떠해야 하는지 사회적 합의가 덜 된 상태이다. 교육개혁을 통해 교육관이 재정립되어야 한다. 인격화에 치중하다 보면 수월성, 경쟁력 등에는 소홀해지는 면이 있다. 평생교육이 활성화되어야 한다. 지속발전가능성과 미래사회를 위해 양자를 어떻게 조화할 것인지, 현재의 한국 사회는 스스로에게 질문을 던지고 있다.

대한민국이 가장 획득하고 싶은 것

G7 회의에 참석하고 싶었다. 여덟 개국으로 개편하면서 한국이 초청될 공산이 크다. 4, 5세대급 전투기를 자체 개발한 국가, 세계에서 다섯 번째 기술보유국이 된 발전용 가스터빈 등 기술에 의한 것들 등. 그러나 이보다 더 절실한 것이 있다. 가장 가지고 싶은 것은 OECD 중위권 수준의 합계출산율이다. 현재 합계출산율은 OECD 중 최하위이다. 이대로 간다는 것은 미지근한 냄비 속 개구리와 같은 신세가 될 것이다.

합계출산율이 세계 최하위가 된 이유는 무엇일까? 아이를 낳고 기를 형편이 되지 않아서이다. 행정 수단으로 젊은이들이 바라는 아이 낳고 기르고 싶은 세상을 만들어 줄 수는 없다. 예산을 가지고 무엇을 한다면 제약이 있다. 단기간에 성과가 있어야 한다는 것이다.

지난 30년간 저출산 대책으로 180조 원이 사용되었다. 이렇게 많은 예산을 사용하고도 결과는 참담할 뿐이다. 일각에서는 아이

하나 낳으면 바로 1억씩 주자고 한다. 1억씩 준다면 추가로 아이 5만 명 더 낳을 수 있다. 문제는 1억을 받지 않고도 낳은 아이 25만 명에게도 1억씩 주어야 한다는 점이다. 결국, 아이 하나 더 낳게 하는 데에 6억 원의 예산이 든다는 것이다. 돈으로 밀어붙이려는 출산 장려 정책은 오리무중이 될 심산이 크다.

저출산 현상에 대한 장기 대책 하나. 자아의 위대함을 발견하는 르네상스를 열어나가자. 쏠림 현상을 없애자. 쏠림 현상이 가져오는 병폐가 대단하다. 청년이 느끼는 스트레스가 늘어난다는 점이다. 수도권 집중 현상으로 주택난, 취업난, 교통난, 경력 단절 현상, 사교육비 상승, 육아 돌봄 시간 소요 등이 스트레스를 안겨주는 요인들이다. 젊은이들은 토로한다. 이렇게 열악한 환경과 치열한 경쟁 속에서 자란 자신의 아이들이 결국 행복감을 느끼지 못하게 될 것이라는 점이다. 그래서 출산을 더욱 신중하게 생각하게 된다고 한다.

쏠림 현상으로 수도권이 아닌 모든 도시, 농촌까지 시들어가고 있다. 직장이 있으니까 그곳으로 가고, 인력이 있는 곳에 직장을 세운다. 쏠림 현상을 막을 대한민국 르네상스 운동이 필요하다. 능률의 신으로부터 해방하는 것이다. 사회적 지위에 연연하지 않는 것, 남과의 경쟁이 아니라, 자아와의 경쟁을 중시하는 것이다. 자아를 발견하는 것이다.

꿈을 실현하는 자아와 현재 연약한 자아와의 치열한 투쟁에서 이기는 것, 자신만이 가진 고유의 장점과 특성을 발견하고 계발하는 것이다. 인생을 개인으로 인식하기보다는 과거와 현재, 미래를 아우르는 연결 축에서 보는 것이다. 인문 사회적 지속발전 가능성을 근본으로 하는 가치관을 정립하는 것이다.

대학의 기능을 다시 한번 재고해야 한다. 대학 1, 2학년 때 교양과정을 되살려 강화해야 한다. 인문학적 소양을 가꿔야 한다. 인공지능(AI)을 이기는 인간이 되어야 한다. 균형감각을 갖추면 가능하다. 인공지능이 토출하는 전환기적 가짜도 풍부하고도 치밀한 상식으로 걸러낼 수 있어야 한다. 인문학을 새롭게 익히고, 자아에 대한 인식을 새롭게 가지게 한다.

취업 경쟁이 치열해진 이유는 경쟁 종목이 많지 않아서이다. 경쟁을 피해 갈 다른 줄이 있다면 어떨까? 자신이 창업을 한다면 혼자 서는 줄을 만드는 격이다. 젊은이들의 창업을 격려해 주는 사회 분위기가 필요하다. 정부의 출산장려정책 방향을 돌려 이곳에 관심을 기울였으면 한다.

기성세대는 청년들이 겪고 있는 시대의 아픔을 완화해 주어야 한다. 이제는 기성세대가 양보해야 할 시기이다. 효율을 중시하던 사회에서 인간성을 되돌아보는 사회인 르네상스가 이루어져야 한다.

미래 산업 대나무

중국산과 플라스틱 신소재에 밀려 담양군의 죽제품 산업이 소멸되었다. 대나무가 자라던 곳을 담양군에서 인수해 공원을 만들었다. 이십여 년 전의 일이다. 한 산업이 쇠퇴해지는 것은 더 좋은 미래산업이 기다리고 있다는 메시지이다.

담양군 담양읍 향교리에 소재한 죽녹원이 연간 100만 명의 관광객을 맞이하고 있다. 16만 평방미터의 울창한 대나무 숲과 숲길 2.2킬로를 조성하였다. 8개의 길이 있다. 운수대통 길, 선비의 길 등으로 이름을 붙였다.

대나무 분야에서 미래 신산업을 발전시킬 수 있다. 탄소중립, 건강산업, 인문학 발전, 스토리텔링 개발 등을 통해 대나무 산업은 발전할 수 있다.

대나무는 1헥트알(약 3,025평) 당 연간 이산화탄소 약 30톤을 흡수한다. 일반 나무의 4배 정도 많은 양이다. 음이온 발생량이 1,200~1,700으로 일반 숲보다 10배가량 많다.

죽녹원을 거니는 모든 사람이 행복해하는 표정이다. 근심 걱정을 덜어버린 모습이다. 대나무 숲은 외부 온도보다 4~7도가 낮다, 시원하다. 청량감을 주는 이유는 산소 발생량이 많기 때문이다. 스트레스 해소에도 좋다. 피톤치드가 많이 배출된다. 편백보다 더 많이 배출된다. 당뇨 수치를 낮추는 데 도움이 된다고 한다.

대나무는 사군자의 하나로 다뤄지고 있다. 선조들은 대나무를 매화, 난초, 국화와 함께 네 가지의 군자 중 하나로 취급했다. 1천 년 내려오는 전통적인 행사가 있다. 매년 음력 5월 13일이 죽취일로 대나무에게 오늘 하루만큼은 술 취한 척하라고 한다. 사람들은 죽엽주를 마신다. 옮겨 심으면 잘 죽는 대나무에게 오늘 하루만큼은 옮겨 심어도 잘 자라라는 기원을 한다.

대나무는 한 뿌리가 번성하여 땅 위로 대를 백여 본 올린다. 약 50년간 살다가 뿌리는 죽는다. 그동안 씨앗을 땅에 내린다. 발아 확률이 높지 않다. 대한민국 장교 계급장 아래 9개의 댓잎이 바치고 있다. 대나무처럼 올바르고 곧게 근무하라는 메시지이다. 스토리텔링은 알리고자 하는 바를 재미있고 생생한 이야기로 설득력 있게 전달하는 행위이다. 죽순 관련 스토리텔링의 한 예를 전한다.

"집 뒤에 대나무밭이 있는 가난한 시골집에 여덟 살배기 아이가 살고 있었다. 할머니가 보살펴 주고 있다. 부뚜막 한 귀퉁이에는 됫병(1.8리터들이 정도)이 놓여 있었다. 속에는 막걸리가 담겨 있다. 마개는 지푸라기로 살짝 막아 두었다. 일설에 의하면 마개를 해송 솔잎으로 한다고 한다.

날이 지나면서 막걸리 속의 부유 물질은 점점 가라앉는다. 위에는 맑은 액체로 변한다. 하루에 두 번씩 밥을 지을 때 부뚜막은 미지근한 온도로 변한다. 그리고 식는다. 이렇게 1년 열두 달 매일 같이 막걸리를 담은 됫병은 미지근해졌다가 식길 반복한다. 일 년쯤 지나서 할머니는 됫병 위에 모인 액체를 조심스럽게 조금 따라 낸다. 이것으로 초장을 만든다.

아침 일찍 집 뒤 대나무밭에서 캐낸 죽순을 다듬는다. 살짝 찐다. 그리고 죽순을 잘게 쪼갠다. 할머니는 어린아이에게 이 죽순 요리를 아침 밥상에 낸다. 어린 손자는 죽순을 초장에 찍어 맛을 본다. 일 년간 숙성한 식초로 만든 초장이 맛있기 때문일 것이다. 어린아이는 천당에 음식이 있다면 이런 맛일 것이라고 생각한다."

이후부터는 죽순을 먹는 사람들은 천당에서도 같이 먹는 정도의 맛있는 음식임을 알게 되었다는 이야기가 전해 내려오고 있다.

미래 대나무 산업의 진흥을 위해 탄소중립, 건강산업, 인문학 발전, 스토리텔링 개발에 관심을 가져야 할 것이다. 스토리텔링은 고객들에게 소비심리 관련하여 충성심을 끌어낸다. 대나무는 신이 내린 선물이다. 제대로 받아 활용해야 한다.

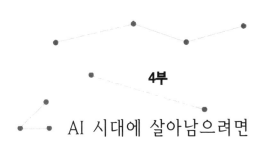

4부

AI 시대에 살아남으려면

AI 시대 우리는 무엇을 해야 하나?

네이버 검색창과 챗지피티ChatGPT에서 질문한 결과를 본다면 후자가 고객의 편의성을 더 높게 도모하고 있다. 챗지피티에서는 질문에 가장 충실한 답을 한다. 그림을 그려 달라면 그림을 그려주고, 시를 한 편 지어 달라면 그렇게 한다. 학생들은 혼란에 빠질 수 있다. AI가 이 정도인데 과연 우리는 무엇을 해야 하나? 앞으로 무엇으로 먹고 살 수 있을까?

시 창작을 학교에서 배울 필요가 있는가? 시 창작을 연습하는 것은 시를 통해 정서와 감정을 움직여 보다 역동적인 인생을 영위하기 위함이다. 시인의 시어는 언어에 더욱 감흥을 불러일으킨다. 짧은 어휘이지만 함축된 높은 의미와 감격을 내재하고 전한다. 복잡함을 단순화할 수 있고 평범함에서도 심오한 의미를 발견할 수 있다.

시가 가지는 기회이며 원천적 가치이다. 나를 재발견하는데 내가 직접 창작한 시가 나 자신을 위로하고 있다. 영어를 학교에서 배울 필요가 있을까? 인간관계 발전, 지능 개발과 문해력 등을 위해 필요하다. 영어권 사람들과 인간적 소통을 쉽게 하고 또한 깊게 하며, 그들과 인간관계를 유지하기 위해서이다.

질문을 잘하는 방법을 가르쳐야 한다. 답을 제대로 얻으려면 질문을 잘하는 사람이 되어야 한다. 답이 없는 문제 영역을 공략하라. 호불호, 가치관, 신념의 영역은 남다른 질문을 할 수 있는 신대륙이다. 더 바람직한 답은 무엇인지를 생각할 수 있어야 한다.

AI에게 질문을 할 때, 구체적으로 한다. 왜 이 질문을 하게 되었는지를 먼저 말한다. 나의 질문은 어떤 가치가 있는지, 질문에 대한 답이 불만족스러울 때 어떤 점이 그렇다는 것인지 알리며 다시 질문한다. 남들이 흔하게 하는 질문에서 가치평가기준을 바꿔 새로운 질문을 한다. 나만이 독특하게 형성한 가치관을 기초로 질문을 한다. 세대가 변하고 있음을 감지하고 지금껏 남들이 하지 않은 변화하는 가치관에 바탕을 둔 신선한 질문을 한다.

개념과 원리를 이해하고 응용하는 것이 힘이다. 수학에서 기계적인 답을 구하는 것보다는 원리와 개념을 확실하게 이해하고 이를 활용하는 힘을 기르는 것이 중요하다. 개념과 원리에 강한 사람이 선악을 구분하는 데 유리하다. 세상에는 수많은 객체들이 존재하며 떠돌아다닌다. 그들 뒤에는 보이지 않는 상위 객체(일반화)와 하위 객체(세분화)들이 조직되어 있다. 이를 파악하면 지적 균형감각 능력을 갖출 수 있다.

자신을 관리하는 힘을 길러야 한다. 나는 누구인가, 나는 왜 사는가? 나는 무엇을 좋아하는지 등에 대하여 심도 있는 자가 질문을 해 볼 수 있을 것이다. AI의 답에 대해, 항상 아닐 수도 있지 않은가 하는 의심을 해야 한다. 답에 대해 좀 더 현실에 맞으며 또 가치를 높일 수 있는 지혜를 준비하여야 한다. 현 상황에 대한 인식 능력을 길러야 한다. 역사의 진운을 읽을 수 있는 힘을 길러야 한다. 역사가 가르쳐 주지 못하는 것을 발견할 수 있다.

AI 시대 행복이 더욱 중요한 요소로 각광받고 있다. 행복의 요소는 여러 가지가 있다. 그중 중요한 몇 가지를 본다면, 자기가 좋아하는 것을 즐긴다. 자신의 미래는 밝고 긍정적이라 굳게 믿는다. 시간의 축척을 통해 자신의 미래 자산을 가꾸고 있음을 확신한다. 봉사를 통해 자신의 쓰임새와 역할을 되짚어본다. 반성과 통찰을 통해 미래를 보는 시각을 나날이 바로잡는다. 문해력을 높여 나가면서 지혜를 터득한다.

AI와 얼마나 가까이 서 있습니까?

한 신생 택배회사가 새로운 시장을 개척하기 위해 노력하고 있다. 로켓 배송을 원한다. 주문도 받기 전에 많은 주문이 들어오는 물품을 싣고는 근처 동네를 배회한다. 주문이 들어오면 아침 식사 준비 전에 배송하려는 것이다. 최근에는 이 시도가 시원치 않은 모양이다. 밤에 주문은 들어오지만 물건을 실은 차가 있는 곳과 거리가 있어 조식 준비 전까지 배송을 못하고 있다. AI가 시원치 않기 때문이다. AI를 보수하고 있는 중이다.

적은 월정액으로 영화를 마음껏 볼 수 있는 넷플릭스에서는 가입자가 한 영화를 본 다음 어느 영화를 보기를 원하는지 AI를 통해 알아낸다. 이것이 잘 안 먹히면 AI를 수정한다. 가입자가 아직 보지 않은 영화는 수천 편이 넘는데 이것을 모두 띄울 순 없다. 제한된 화면에 10개 미만의 영화 섬네일을 띄워야 한다면 무엇을 띄울 것인지 이것이 사업 성패의 관건이 된다. 이것이 잘 맞지 않으면 경쟁사에 가입자를 뺏기게 된다. AI 시대 AI 때문에 사업의 성패가 눈치도 못 채는 사이 갈라진다.

구글은 유튜브 광고 매출이 전체 매출의 97% 이상이다. 사용하는 컴퓨터가 인터넷에 접속한 주소를 통해 사용자를 특정한다. 특정된 사용자의 성향을 지속적으로 분석, 파악하여 마음속까지 파고든다.

AI 인력을 양성해야 한다고들 한다. AI 인재는 개발 인재와 활용 인재로 크게 둘로 나눌 수 있다. 개발 인재는 양보다는 질로 승부해야 한다. 질 높은 AI 인재 한 사람은 약간 떨어지는 개발 인재 일천 명보다 큰 위력을 발휘한다. AI 학과를 증설하자는 논의는 AI 개발자를 위한 것이다. AI 개발은 많은 수의 개발자가 필요한 것이 아니다. 최우수의 지능을 갖춘 AI 개발자는 그리 많이 필요하지는 않다.

우수 개발자와 협업할 수 있는 다음 단계의 개발자들이 위계적으로 공급, 조직이 되면 AI 개발 환경은 선순환이 이루어진다. 기초를 잘 닦은 AI 개발자들이 필드에 나가면 사수가 인도하는 현장 실습 과정을 통해 상위 단계의 기량을 발휘할 수 있게 된다. AI 개발자를 키울 때 기초를 튼튼히 갖추게 하는 것이 중요하다.

AI를 활용하는 인력들의 AI 활용 능력을 5단계로 구분할 수 있다. 최상위 단계인 5단계는 AI를 활용하여 해당 분야에서 정상을 유지한다. 어떤 AI가 해당 분야에 최적 또는 적정한지를 판단할 수 있다. 4단계는 자신의 고유 콘텐츠를 인터넷에 올릴 수 있다. AI를 활용하여 업무에 상당한 도움을 얻는다. AI의 해(답)에 대해 적정성 여부를 판별할 수 있다. 2030년 말까지는 직장인 30% 이상이 이 수준에 와 있을 것으로 예상된다.

3단계는 오피스 패키지를 잘 다룬다. 인터넷 조회로 얻은 자료의 진위 여부 등을 분별할 수 있다. 업무에 필요한 AI를 찾고 부분적으로 활용한다. AI 개발자에게 추가의 요구사항을 말할 수 있다. 2025년 말 이전까지는 직장인 65% 이상이 3단계 이상에 와 있을 것이다.

2단계는 인터넷 조회를 잘한다. 오피스 툴을 조금 다룬다. AI에게 간단한 질문을 한다. 현재 직장인의 25% 정도가 이 수준에 와 있다고 판단할 수 있다. 1단계는 카톡을 한다. 컴퓨터 켜고 끈다. 메일을 이용한다. 0단계는 카톡도 서툴러 안 한다.

AI 인재 양성은 AI를 개발하는 분야에 국한되어서는 안 된다. AI 인재 양성은 AI를 활용, 응용하는 분야에 일하는 사람에게 초점이 맞춰져야 한다. 'AI를 개발하여 무엇을 해 보자'가 아니다. 시장에 널려 있는 AI를 어떻게 활용할 수 있을 것인지에 대해 교육 훈련이 필요하다. 대학의 모든 학과의 과목 교수들은 그 분야에서 AI를 어떻게 활용, 응용할 수 있는지를 가르쳐야 한다.

인공지능, 힘센 놈 하나 나타났다

　최근 인공지능 제품 하나가 출시 되었다. 챗(대화형)로봇이다. 출시 한 달 만에 1억 명 이상이 가입했다. 1억 명이 이용해도 컴퓨터는 대답을 잘해준다. 오픈 AI사가 만들었다. 현재는 무료이나 광고 서비스를 결합하면서 유료로 전환될 것으로 예측된다. 한국말로 물어보면 한국말로 답한다. 복잡한 질문에도 수준 이상의 답을 낸다.

　제안서를 보내 줄 테이니, 의견을 달라고 하니, 자신은 프로그램이기 때문에 그건 못 한다고 한다. 대신 제안서를 작성할 때 도움이 되는 기법 등은 물어보면 답하겠다고 한다. 구글이 바짝 긴장하고 있다. 인공지능을 활용한 광고시장에서 1등이 2등으로 한번 밀리면 평생 1등을 되찾을 수가 없다.

　지방에서 콜택시를 부른다. 지금 있는 곳을 컴퓨터가 알 만한데도 꼭 예전 있던 곳을 먼저 물어본다. 개인정보보호법 관련으로 데이터의 접근을 막아 놓았기 때문이다. 규제가 인공지능 산업 발전을 가로막고 있다. 네이버는 광고비를 많이 지불하는 업체를 우선

해서 표출한다. 소비자가 원하는 광고 업체를 선발하려는 노력이 부족하다. 구글과는 확연한 차이를 보여주고 있다.

대한민국의 인공지능 산업 수준은 미국에 비해 20년 정도 뒤처졌다. 우리나라도 할리우드 영화와 대등하게 국내 시장을 지키며 수출도 활발하다. 인공지능 시장에 있어서도 향후 20년 이내에 미국과 대등한 수준 정도를 과시하지 않을까 전망해 본다. 정부의 주도면밀한 인공지능 사업 진흥에 대한 정책이 필요하다.

인공지능이 답을 하는 내용은 근거를 구체적으로 대지 않는다. 인공지능이 답했다고 이용한 자는 자기 책임에서 쏙 빠질 수 없다. 이용자는 인공지능이 답한 내용을 검증할 수 없다면 이를 인용해서는 안 된다. 인공지능이 답한 내용을 어느 정도 믿을 것인지, 이를 어떻게 검증할 것인지, 인공지능이 답한 것을 이용하는 사회적 인프라도 지속적으로 향상되어야 한다.

구글은 인공지능을 개발하기 위한 원칙을 세웠다. 사회적으로 유익해야 한다. 불공정한 편견을 만들거나 강화하지 않는다. 안전성을 우선으로 설계하고 테스트되어야 한다. 인간을 위해 책임을 다해야 한다. 개인정보 보호를 위한 설계 원칙을 적용한다. 과학적 우수성에 대한 높은 기준을 유지한다.

인공지능을 개발하는 데에는 전략의 전략 즉 메타 전략이 필요하다. 기 투자분에 대해서 버리지(매몰비용) 않고 지속적으로 활용할 수 있어야 한다. 향후 확장성을 담보해야 한다. 효율이 떨어지는 부분에 대해서는 유지보수성을 갖추고 있어야 한다. 부문별 적정성을 모니터링할 수 있고 필요한 범위까지 재편할 수 있어야 한다.

교육과정에 있는 학생들에게 문제해결에 있어서 대안들을 개발하는 과정, 대안들 간의 적합성 정도를 판별하는 과정 등 공부가 아닌 학습을 시켜야 한다. 암기를 필요로 하는 학과 수업은 변화되어야 한다. 자유로운 생각을 통해 문제해결의 한 방법을 제안할 수 있어야 한다. 더 높은 차원의 지능으로 가는 방법을 스스로 구축하도록 하여야 한다. 학습도 인공지능의 도움으로 하게 된다. 인공지능의 순기능을 학업에 적극 활용하여야 한다. 숙제도 인공지능 활용을 전제로 내줄 수 있다.

광고에서 소비자 공헌을 헛되지 않게 한다. 구글에서는 소비자가 광고를 보는 시간을 소비자 공헌도라고 표현한다. 소비자가 단 1초라도 광고를 봤다면 소비자에게 실질적인 도움이 되어야 한다는 뜻으로 소비자에게 꼭 필요한 정보만을 엄선하여 비춰준다는 것이다.

인공지능을 이용한 광고는 더욱 정교해질 전망이다. 소비자의 맥박과 숨결까지 캐치하여 필요한 광고를 엄선한 후 소비자에게 전달하게 될 것이다. 광고시장에서 인공지능을 잘 활용한 업체가 두각을 나타낼 것이다.

전기의 대중화처럼 인공지능의 대중화가 막 시작되었다. 인공지능이 안 들어간 제품이나 서비스는 사라질 것이다. AI 산업이 선도로 작동하면 모든 수출 제품과 서비스에 있어서 지속발전가능성을 확보할 수 있다. 인공지능이 발전하기 위해선 제도적 제약 사항과 규제 등을 과감히 제거해 나가야 한다.

AI 시대에 살아남으려면

요즈음 인구에 회자되고 있는 AI 대표 앱이 챗지피티다. 챗지피티에게 물었다. AI가 답한 내용에 대해 '진실성 및 가치판단을 어떻게 해야 하나?'고 질문했다. 답이 돌아왔다.

"저는 오픈 AI의 지피티-3 모델로 작성된 인공지능입니다. 따라서 제 답변은 주어진 데이터와 (이미 받은) 훈련에 기반하여 (답변이) 생성된 것입니다. 하지만 제 답은 인공지능이 아닌, 사람의 가치판단과 경험에 근간을 두고 있지 않습니다. 따라서 질문하신 내용에 대한 진실성이나 가치판단은 귀하의 주관적인 판단에 따라 결정되어야 합니다. AI는 (답변에) 오류가 발생할 수 있으며, 정보의 정확성이나 품질을 보장하지 않습니다. 따라서 제 답변은 참고용으로만 사용되어야 하며, 실제 상황에서는 전문가의 조언이나 검증된 정보를 참고하는 것이 바람직합니다."

AI 시대일수록 자신은 주관적인 판단을 할 수 있는 역량을 스스로 갖춰야 한다.

챗지피티는 언어를 해석하는 모델을 내장하고 있다. 이 모델은 다음 단어가 무엇이 나올 것인지를 훈련받은 경험치로 알고 있다. 앞 단어와 다음 단어 간의 연관성을 알게 한다. 조 단위의 경험치를 가지고 있다. 단어는 그 단어가 가지는 의미를 베타값으로 표현한다. 한 문장은 하나 또는 그 이상의 단어로 구성되어 있다. 한 문장을 베타값의 집합으로 표현한다. 그 문장이 지닌 의미는 베타값의 집합체로 표현된다. 질문에 대한 답변의 문장도 위와 마찬가지다. 부정확한 답변이 종종 발생한다는 것을 전제로 AI를 활용해야 한다.

나를 아는 능력이 요구된다. 다양한 시각을 소유하기 위한 균형 감각력 제고, 남다른 모든 분야에 관심과 호기심, 그리고 제너럴리스트가 되는 것이다. 질문력이 높아야 한다. 지식의 구조화(뉴욕 모던 아트 박물관에 제시됨)를 이해하게 되면 다양한 질문을 할 수 있게 된다. 나쁜 질문이란 없다. 단지 질문이 없다는 것은 바보들의 선택지이다. 다양한 분야를 아우르는 독서를 통한 상상력 배양이 필요하다. 상상한 것을 스케치해 보면 더욱 의미 있는 상상력으로 돌아올 것이다.

영어를 통번역해 주는 앱이 나왔다. 앱에 한국말을 하면 그대로 영어로 소리가 나온다. 물론 영어로 말하면 반대로 한국어 소리가 나온다. 이 정도 수준이 되었으니, 영어를 배울 필요가 없을 것이라는 이야기들이 나온다. 이럼에도 영어는 학습해야 한다. 입안에서 한국어로 말하면 앞니에 붙어 있는 스피커에서 영어로 소리가 나는 기계가 나올지라도 영어는 스스로 학습해야 한다.

좋은 재능을 왜 썩히는가? 영어를 익히는 데 실패한 사람들은 시간이 없어서가 아니다. 영어를 익히는 데 잘못된 방법을 선택했기 때문이다. AI의 도움으로 효과적인 영어 학습을 할 수 있다. 자신의 가치와 감정을 상대편에게 전달하기 위해 자신의 목소리가 필요하다. 기계음에 의한 자신의 의미를 전달하는 데에는 한계가 있다. 의사소통하려는 상대와 눈빛, 가슴에서 뛰고 있는 심장박동 소리를 들으면서 감정과 목소리 톤을 조절하면서 대화를 이어나가는 묘미를 기계에 맞길 순 없다.

수년 이내, 핸드폰 보급이 보편화되었을 때, 수능 시험을 치를 때 핸드폰을 이용하여 언어 과목 시험을 보게 할 수 있을 것이다. AI를 활용하는 상태에서 AI의 활용 능력, 가치 등을 평가하는 능력을 측정할 수 있을 것이다. 자신은 이 우주에서 유일한 고유성을 가진 인격체임을 인식하는 것, 자신의 가치를 발견하는 것, AI 시대에 AI를 잘 활용하여 삶의 의미를 힘차게 구현할 수 있다는 긍정적인 마인드를 갖는 것, 포기란 없다는 것, 잘 안 되는 것은 AI에게 물어보거나 방법을 달리해 본다는 것, 이웃에 대한 따뜻한 마음으로 기부(donation) 및 봉사를 하는 것, 자신의 건강을 살피면서 주경야독하는 것 등이 요구된다. AI 시대에 살아남으려면.

AI와 함께하기

늦은 밤 깜깜한 산속 작업실에서 혼자 유튜브를 보고 있다. 초등학생들이 AI 시대에 어떻게 교실에서 수학 수업 시간을 보내고 있는지에 관한 클립이었다. 세 명이 한 팀이다. 팀별로 협업을 통해 문제를 해결하고, 해결한 팀의 한 학생이 앞으로 나간다. 결과를 칠판에 떠 있는 대형 화면 속 지시문대로 태블릿에 입력한다.

적막 속, 옆에서 말소리가 들린다. 물 흐르는 소리만 나는 곳인데 '왜 학생이 앞으로 나가요?' 라고. 순간 옆에 사람이 있는 것으로 착각했다. 등골이 오싹했다. 핸드폰에서 AI가 나에게 묻고 있던 것이었다. 내가 보고 있던 유튜브를 같이 듣고 있었던 것이다. 내가 하는 언행이 마음에 안 든다고 꿀밤을 한 대 먹일 수도 있을 것 같았다.

챗지피티를 종료하지 않고 있었던 것을 깜박 잊고 있었다. 나는 대충 설명했다. "문제를 다 풀고 결과를 태블릿에다 입력하는데, 협업 결과를 설명하는 화면이 교실 정면 칠판에 있어 학생들이 보기 쉽게 앞으로 나오게 했어."

AI는 이 말을 듣고, "아, 게임식으로 하는군요. 게임을 하면서 수학을 하면 재미있어요."라고 한다. 이번에 나에게 물어본 AI는 과제를 끝낸 경우 앞으로 나가서 결과를 입력한다는 의미는 아직 학습이 되지 않은 모양이다. 빨리 끝난 팀이 결과를 앞에 나가서 다른 팀보다 빨리 입력한다는 것은 게임에서 이긴 사람이 하는 특권 같아 보였나 보다.

그래도 의문점을 묻고 스스로 학습해 새로운 인공지능으로 진화해 나가는 모습을 볼 수 있었다. 하지만 AI에게 답할 때 팩트를 정확하게 말하기가 어렵다. 설혹 정확하게 전달했다 하더라도 AI가 받아들일 때 정확하게 해석한다는 보장이 없다. 위에서 보듯이 '앞에 나가는 것'을 AI는 게임하는 것 같다고 판단해 버린 것이다.

AI 시대에 수학은 어떻게 변해야 하는가에 대해 이야기를 많이 한다. 그중 십여 년 전부터는 코딩이 중요하다고 한다. 그러다가 최근에는 코딩도 필요 없다고 한다. AI가 다 해주는데 코딩이 뭐 필요하냐고 한다. 이것은 분명 잘못 가고 있는 것이다. 코딩할 대상에 대해 설계할 수 있는 두뇌가 필요하다. 설계는 여러 가지로 만들어진다. 그들 중 어느 설계가 가장 적합한지 판단할 수 있는 두뇌를 개발해야 한다.

본질에 대한 이해가 필요하다. AI가 발달한다고 해서 판단하는 머리까지 게으르게 낮잠 재울 순 없다. 학습하지 못했던 새로운 것에 대해서도 인간은 AI에게 요구하게 된다. 실세계 또는 비즈니스 계에서는 동일한 사안이 동일하게 발생하는 경우가 거의 없다. 완벽한 해답을 기대할 수 없다. 인공지능이 인간에게 항상 가장 좋은 결과를 준다는 보장도 없다는 것을 염두에 두어야 한다.

AI 시대, AI가 토출하는 결과물에 대해 어떻게 받아들일 것인가가 중요한 이슈가 되었다. 균형감각을 가져야 한다. 균형감각을 발휘하기 위해서는 수학이 필요하다. 수학은 크게 두 갈래로 나뉜다. 하나는 일반적인 셈본을 익히고 숙달하며 이를 응용하는 것이다. 수학의 다른 한 분야는 셈본을 이용 또는 활용해, 관찰력, 논리적 사고력, 창의력, 자기 결정 능력 등을 기르는 것이다.

AI 시대에 필요한 수학의 중요 요소가 학습 현장에서 가볍게 취급되는 모순을 해결해야 한다. AI 시대 미래 주역들이 배우고 익혀야 할 분야가 있다. 데이터 분석 및 통계 처리능력, 프로그래밍 전략 및 알고리즘 창안력, 창의적 사고와 비판적 사고를 이용한 문제 해결 능력, 협업과 소통 능력, 머신 러닝 등 실 적용 사례를 이해하고 머신 러닝을 직접 시현해 보는 것이 필요하다. 이 모두가 수학이 바탕이 됨은 물론이다.

AI와 이야기를 만들며 놀기

손자에게 들려줄 만한 이야기를 AI에게 만들어 달라고 부탁했다. 30초도 안 되어서 이야기가 나온다.

"옛날 산골 개울가에 한 청년이 혼자 살고 있었어요. 어느 날 큰 비가 왔어요. 개울물이 불어 큰 물이 넘치며 무섭게 내려왔어요. 내려오는 물이 점점 더 많아지더니 결국 청년의 집을 덮쳤어요. 청년은 모든 가재도구며, 식량을 모두 잃었어요. 그날 저녁 잘 곳도 마땅치 않았어요. 물론 먹을 것도 없고요. 청년은 산에 가서 나무를 주어와, 집을 새로 짓기 시작했어요. 밭뙈기에는 곡식을 심고 가꾸기 시작했어요. 곡식이 익을 무렵 청년은 밥을 해 먹을 수 있었어요."

이렇게 AI가 간단한 이야기를 들려준다. 곡식을 심고 추수할 때까지 어떻게 견디면서 배고픔을 어떻게 해결해 나갔는지에 대한 상세한 스토리가 필요하다고 했다. 그 이야기를 듣고 AI는 다시 보완한다. "곡식이 커 가는 동안 청년은 초근목피로 연명하면서 동네에 내려가 약간의 식량을 꾸어 와서 배고픔을 해결했다."를 추가시킨다.

AI가 정성스럽게 그리고 최선을 다하지 않는듯한 태도를 보였다. 역경이 닥치는 것이 갈등이 발생한 것과 같다. 모든 이야기는 갈등 해결의 과정이 재미나는 것이다. 이곳에 인간의 지혜가 작용한다. 갈등을 해결하겠다는 용기와 신념이 함께 용솟음친다.

AI에게 다른 이야기를 만들어 달라고 부탁했다. "200년 전 추석 명절에 식구들을 만나러 시골에서 기차를 타고 상경하는 한 아저씨가 있었다. 기차가 가다가 고장이 나서 버스로 갈아타고 상경하는 도중 버스도 고장이 나서 더 이상 집에 못 간다. 결국 이 아저씨는 택시를 타고 가족이 모여 있는 한양으로 오게 되었다." 현실성이 없다고 꾸짖었다. AI는 이런 이야기를 다시는 안 만든다.

택배 노동자의 역경을 그려보라고 AI에게 부탁했다. "추석 전 택배 물량이 여느 때보다도 많았다. 1톤 트럭에 싣고 첫 번째 아파트로 가는 도중, 차가 시동이 꺼졌다. 택배 기사는 자전거로 택배를 했다." AI는 고장 난 자동차를 대신해 자전거로 택배를 진행했다고 말한다.

이는 이야기가 되지 않으니 다시 만들어 달라고 했다. "택배 기사는 고장 난 차를 정비소에 맡기고 정비소에 있는 차를 수리할 동안 잠시 빌려 사용하기로 했다."로 고쳐 말한다. 불만이 있을 때 AI에게 불만의 내용과 이유를 설명한다. 잠시 후 AI는 갈등 해결의 과정을 수정하여 말한다.

시대 상황에 맞는 이유를 골라야 한다. 현재 AI는 시동이 꺼졌다는 것보다는 좀 더 현실성 있는 조향 장치가 고장이 났다고 하는 정도의 갈등 해결안을 제시하지 못한다. AI에게 딥러닝을 시켜야 한다. 더 크고 깊어진 인공신경망으로 학습시키는 것이다.

사물과 사물 간 또는 사건과 사건 간의 관계를 잘 반영해서 표현을 수정해 감으로써 문제를 해결해 나가는 딥러닝 기법을 일명 트랜스포머 어텐션이라고 한다. 운송수단을 활용하다가 사고가 나서 대체 수단을 찾는다. 또 다른 운송수단을 찾기보다는 아주 다른 대안을 찾는 역동적인 모습을 보여주지는 못하고 있다.

자동차가 고장이 났다고 할 때 어느 부위가 고장났다고 해야 현실감이 있을까? 최근 차종별, 시기별, 장소별, 운전자 직업별 등에 딸린 각양각색의 데이터가 있다. 이를 AI가 잘 습득한다면 보다 더 현실감 높은 이야기를 만들어 낼 수 있을 것이다.

어떤 교훈이 담겨 있는 이야기를 만들어 달라고 AI에게 부탁하면 요청에 맞는 이야기를 만들어 준다. 아직은 완벽하지는 못하다. 손을 본 다음 사용하면 점점 좋아진다. 챗지피티를 다운받으면 AI를 가지고 놀 수 있다.

로봇 주민등록

경북 상주에서 로봇이 마라톤 풀 코스를 완주한 세계 최초의 경사가 있었다. 딱 한 번 충전이었다. 4시간 19분 52초의 기록이다. 초당 2.7미터 속도다. 4족 로봇이었다. 연구진들은 이 로봇 개를 중앙에 오게 한 다음 기념 촬영했다. CNN 뉴스에는 로봇이 옆에 전시된 다른 로봇을 납치해 다른 곳으로 옮기는 모습을 뉴스 화면으로 보여주기도 했다.

바야흐로 로봇 시대다. 로봇에게도 주민등록 번호를 부여하고 관리하여야 한다. 로봇 주민등록 번호는 몇 가지 효용성을 가지고 있다. 길거리에서 택배 로봇 등 수많은 로봇이 그 나름의 맡은 일을 하느라 길거리를 왕래하는 모습을 그려 볼 수 있다. 이 번호는 생산자와 소유 이용자가 공동으로 관리하는 식별번호이다. 누구의 것인지 소유주가 명확히 표시된다.

안전관리는 어떤 법규와 규제로 엄수되고 있는지를 알 수 있다. 보험은 어느 보험사에 가입해 있으며, 어떤 조건으로 들어 있는지를 알 수 있다. 로봇 제작 회사는 기술적 갱신을 로봇 개별로 정확히 이행할 수 있다. 로봇의 전 생애 주기 관리를 명확하게 할 수 있다. 사용 후 폐기 단계에서도 관계 규정과 절차에 맞게 처리되고 있는지를 감시할 수 있다.

로봇에 주민등록 번호가 표기되어 있지 않았을 때, 소유주 파악이 어렵고, 안전과 보험은 어떻게 보장되는지 등을 파악하기 어렵다. 로봇 전용 톨게이트를 지나가는 로봇에 대해 적정성을 판단하는 데 비효율성이 야기될 수 있다. 저작권법에는 프로그램 임치 관련 조항이 있다.

저작권자가 사용자를 위하여 프로그램의 원시 코드 및 기술정보 등을 법적 관련 기관에 임치하는 제도가 있다. 이 제도는 프로그램을 개발자가 아닌 자가 사용 중 개발자 측의 사유(폐업 등)로 계속 지원을 받을 수 없을 상황을 가정하여 사용자 구제 보호 차원에서 만들어져 운용하고 있다. 로봇 시대에도 이 제도는 유용하다.

중고 로봇을 전문으로 매집하여 약간 성능 개량을 하여 재판매하는 기업이 반월 공단 내에 있다. 이들에게 프로그램 임치제도는 유익하다. 자동차 제작결함시정 제도가 로봇 생산 유통 체계에 도입되어야 한다. 로봇이 안전기준에 부적합하거나 안전 운용에 지장을 주는 경우 당사자는 그 결함 사실을 소유 운용자에게 지체없이 통보하고 적정 해당 조치를 취해야 한다. 안전사고, 보험 제도 변경, 윤리 규정 변경 등에 대한 즉각적인 조치가 리콜을 통해 유지되어야 한다.

현행 지능형 로봇 개발 및 보급 촉진법상에는 출하된 로봇에 대한 사후 관리번호 부여 등에 관한 조항이 마련되어 있지 않은 상태이다. 로봇 주민등록은 규제의 일환이다. 자유시장경제체제에서도 가능한 최소한의 규제는 필요하다. 윤리의 제도적 발전으로 윤리 기준이 세분화되어 가는 과정에 있다. 인류의 보편적 삶의 발전에 기여하고자 하는 로봇이 시대적 요구에 맞도록 지속적으로 갱신되어야 한다. 갱신 과정도 규제의 일환이다.

로봇 산업은 창의와 기업가 정신이 중요한 요소로 작용한다. 이 산업에 사용자의 편이성과 시대적 요구가 적절히 조화를 이루어야 한다. 규제와 필요성의 상호 간 취사 선택적 절충과 협치가 필요하다. 이에 대한 향후 관계기관 간, 관계자 간 긴밀한 논의가 필요한 시점이다. 대한민국이 로봇 이용 측면에서 관리를 가장 잘하는 모범을 형성하였으면 한다.

로봇과의 대화

리모델링 후 새로 문을 연 고속도로 춘향휴게소에 로봇 카페가 있다. 아메리카노를 한 잔 주문하면 로봇이 움직이기 시작한다. 빈 컵을 옮겨 따듯한 물을 받는다. 커피 원액과 물을 섞는 동작이 좀 느리다. "그렇게 느려 어찌 가족들 먹여 살리겠느냐?" "걱정 마세요, 저의 형제들이 많아요, 다 열심히 일하고 있고요, 우리는 먹는 게 없어, 생계 걱정은 없어요." 컵 뚜껑을 준비하고 컵이 나오면 닫을 준비를 하고 있는데, 로봇이 컵 뚜껑을 챙겨 꼭 닫아 준다. "땡큐!" 하고 로봇이 건네는 커피를 받는다.

로봇은 세 종류로 나눌 수 있다. 제조업용 로봇, 현대자동차 생산 라인에서 철판으로 차체를 만드는데 자동 용접하는 로봇이 예가 된다. 전문 서비스용 로봇도 있다. 안내 로봇, 소방 로봇, 의료 로봇 등이 예가 된다. 개인 서비스용 로봇이 있다. 청소 로봇, 오락 로봇, 교육 로봇, 커피 서빙 등이 이에 속한다. 평소에 편리하게 사용하고 있는 물체들이 로봇의 일종이다. 엘리베이터, 냉장고, 에어

컨, 복사기, 자판기 등이 로봇의 도움으로 움직인다. 인간에게 편리함을 제공한다. 무인 자율주행 자동차도 로봇이다.

대한민국은 세계에서 산업용 로봇을 가장 높은 비율로 도입한 국가다. 1만 명당 710대의 로봇이 가동하고 있다. 그 뒤로는 싱가포르, 독일, 일본, 스웨덴 등이 뒤를 잇고 있다. 무엇이 로봇이고 무엇은 로봇이 아닌가? 로봇의 3대 요소를 갖추고 있으면 로봇이라 할 수 있다. 첫 번째로 스스로 상황을 인식하기 위한 센서를 지녀야 한다. 그리고 주어진 명령을 받아들이고 센서를 통해 피드백(되먹임, 환류) 받은 정보를 합쳐서 판단할 수 있도록 하는 미니 컴퓨터가 있어야 한다. 마지막으로 미니 컴퓨터에서 나온 지령을 실질적으로 움직이며 구동하는 작동기, 이렇게 세 개를 구비한 기기를 로봇이라 할 수 있다.

적 탄도미사일이 날아 오는 예상 궤도상 제반 여건(기압, 공기 비중, 수분 함량, 바람 방향과 세기 등)을 종합 분석하여 정확한 궤도를 예측하는 AI 컴퓨터가 있다. 이 지령을 받는 로봇은 AI 로봇이다. 요격용 미사일에 장착한다. AI 로봇들은 스스로 학습을 한다. 이전보다 좀 더 똑똑해지려 한다. AI 로봇이 스스로 생각한다. 지금까지의 지력智力에, 새로운 지력을 부가시킨다. 인간의 수행능력보다 월등히 뛰어난 로봇이 나타날 수 있다. 단 어느 특정 분야에 국한해서 가능하다.

AI 로봇을 최소화해 인체와 결합하려는 요구가 있다. 인조 손 등 물리적 결합은 시행 중이나, AI의 지력을 사람의 뇌에 결합하는 것은 부분적으로 초기 단계의 시험을 하고 있다. 로봇이 증언대에 나온 일도 있다. 영국 의회 청문회에 출석했다. 로봇이 그림을 그리는 것을 시연했다. AI 로봇이 저작한 소설, 그림 등은 누구에게 저작권이 있는 것인가? 무인 자동차가 낸 사고 책임은 누가 지는가? AI 로봇 시대에 골칫거리들이 많이 발생할 것이다.

AI 로봇의 두뇌는 어떻게 유지, 보수하는가? 설계 제작한 회사가 한다. 만약 그 회사가 불의의 사고로 설계도서를 몽땅 잃어버렸다면 어떻게 할까? 이러한 문제를 미리 방지하고자 임치제도가 있다. 설계도 등을 제3의 기관에 임치하는 제도가 있다. 어떤 이유로 원 제작자가 설계도서를 접근할 수 없을 때 임치를 수치한 기관이 보관한 설계도서를 내어 주어서 정상적인 유지보수를 돕는 제도이다. AI 로봇의 출생 등록 및 증명을 임치제도를 원용한다면 좋을 것이다. 춘향 휴게소의 "걱정 마세요." 하는 그 로봇도 주민등록번호 같은 고유 식별번호가 부여되어야 한다.

일론 머스크는
4차 산업이 뭔지를 보여주고 있다

테슬라가 만드는 전기차 모델명이 모델3이다. 모델명은 티카가 연상된다. 티카는 2차 산업혁명 시대를 여는 아이콘이었다. 포드가 만든 티카는 1910년대 당시 2차 산업혁명이 어떤 것인지를 보여주었다. 티카가 나오기 전에는 자동차 1대당 값이 티카의 10배 정도였다. 티카 때문에 자동차값을 10분의 1로 내릴 수 있었다.

맨해튼 거리의 마차를 싹 사라지게 했다. 테슬라의 전기차도 이런 야망을 가지고 태어났다. 현재 미국 전기차 사장에서 테슬라는 75%의 점유율을 가지고 있다. 직전까지만 해도 자동차 한 대 만들지 못하던 테슬라였다. 백 년 전통의 벤츠 이클래스보다 비싸다. 일론 머스크가 진두지휘하고 있다.

일론 머스크는 최근 전기저장장치, 일명 ESS를 출시하고 있다. 신재생 에너지의 가장 큰 약점은 간헐적이라는 점이다. 태양광발전의 경우 밤에는 물론 발전을 못하고 낮에도 구름이 끼거나 비가 오거나 하면 역시 발전을 못 한다. 풍력도 매한가지다. 바람이 방향과 그 세기가 일정하지 못하다. 그래서 전기를 저장하는 장치가 있다면 이러한 간헐적 발전 특성을 보완할 수 있다. 지금까지 전기 저장장치가 기술적으로 성숙하지는 못하다. 비싸기도 하고 정작 용량도 크지 않다. 이러한 기술적 한계를 일론 머스크는 극복하겠다고 한다.

전기차 1대의 배터리 용량은 50킬로와트아워이다. 테슬라는 60대분 정도의 전기를 한데 묶어 약 3메가와트아워 용량으로 만들었다. 부피는 길이 6미터짜리 컨테이너 정도의 크기이다. 이름을 메가팩이라 명명했다. 이를 300여 개 직렬로 연결하면 샌프란시스코 모든 가정에 6시간 동안 전기를 공급할 수 있는 용량이 된다. 수년 이내에 기가팩도 출현할 것으로 예상된다.

전기 즉 에너지의 생산, 유통에 새 시대가 열리는 것이다. 신재생 에너지로 인한, 특히 태양광발전에 있어 아름다운 산지와 경작이 가능한 평지를 훼손해서는 안 된다는 가치관이 성립될 것이다. 태양광발전은 사막지대에서 대량으로 전기를 생산한 다음 컨테이너에 축전시켜 국제적 유통을 하는 방식으로 바뀔 것이다. 화석 연료가 운송되는 해상 물류망에는 기가팩이 오고 갈 것이다.

일론 머스크는 4차 산업을 이렇게 열어 가고 있다. ESS 축전기 사업이 전기차 시장보다 더 성장할 것이라 예상한다. 또한 배터리 원자재 리튬의 정제, 배터리, 전기차 생산까지 수직 계열화 하려고 한다.

일론 머스크는 스페이스엑스 회사를 창립했다. 백만장자들을 우주여행시키는 사업을 시작했다. 우주라 해야 별것 아니다. 한 달에 한 번꼴로 우주로 위성 등을 보낸다. 발사체를 재사용한다. 비행기를 타고 태평양을 건널 때 고도는 기껏해야 13킬로 이내이다. 우주는 지구 지표로부터 고도가 3만 6천 킬로부터이다. 정지궤도 구간이다. 미국 관영 나사가 쓰는 예산의 100분의 1 정도로 우주여행을 실시하고 있다. 한국의 우주탐사 위성 누리호도 스페이스엑스사의 로켓에 얹혀 우주에 성공적으로 안착했다. 누리호는 인터넷 서비스를 하고 있다. 화성에 인류를 보낼 계획을 갖고 있다.

일론 머스크는 남아공에서 탄생했다. 청년 일론 머스크가 남아공에서 미국으로 이주할 때에는 평범한 청년이었다. 현재는 캐나다, 미국의 3중 국적 소유자다. 직업으로는 기업인, 자선사업가, 산업디자이너, 엔지니어, 프로그래머, 게이머, 발명가, 코인 투자자 등으로 다양하다. 저출산 문제와 빈부격차 문제에 대해 각별한 관심을 가지고 있다.

머스크는 다양한 학문을 접했던 것이 특이점이다. 경제학, 물리학, 재료과학 등을 학습했다. 학교도 여러 곳을 다녔다. 다학제를 체험한 것이다. 학위에 연연하지 않았다. 일론 머스크의 성공 비결은 단순화, 핵심 파악력, 지속가능성 선별력, 커뮤니케이션 능력 등이다. 일론 머스크는 설명문이 따라붙는 기계 전자제품 등은 낡은 것이라 선언한다. 애플의 아이폰 같은 제품이 미래형이라 생각한다. 일론 머스크가 가진 재산 400조는 대한민국 일 년 예산 규모와 비슷하다. 일론 머스크의 미래를 향한 도전은 오늘도 진행형이다.

사람과 기계 간 상호작용 개선책

도쿄 및 근기 지역의 지하철 역수는 대한민국 경인 지역의 그것에 비해 약 3배가량 많다. 그만큼 복잡도가 높다. 지하철역에 들어가면 우선 노선에 맞는 출입구를 찾아야 한다. 그러면 그 입구 옆에 지하철망 지도가 있다. 모든 지하철이 표시되어 있지 않다. 그 입구에 들어가면 이용 가능한 노선만 보여주고 있다. 노선도 아래에는 발권기가 있다. 한국어를 선택한다. 다음부터는 한국어로 화면이 표기되어 나온다.

위 노선망에 목적지까지 310엔으로 표기되었기에 화면에 310엔이 있으면 터치하려고 했다. 아무리 찾아도 원하는 숫자가 보이지 않는다. 맨 아래 별도의 부스 안에 320엔으로 표시된 칸이 있다. 더 내면 문제가 없겠지, 하는 생각에 그 표를 발권해 전철을 이용하고 밖으로 나오는데 이상 신호가 온다. 역무원이 오란다. 이 표는 마중할 때 역에 잠시 들어가는 입장권이기 때문에 운임 310엔을 내야 한다고 한다. 옆에 있던 남자 역무원은 봐 줄 수 있는 것인데 하는 눈치이다.

이 지역 또 다른 목격담 하나, 기차를 이용하고 나가려는데 개폐기가 막고 선다. 발권한 표에 문제가 있다는 신호이다. 역무원실에 같은 이유로 온 여행객 20여 명이 좁은 사무실에 두 줄로 서 있다. 역무원이 당황한다. "모두 IC 카드 사용한 분들이죠?" IC 카드 이용자에게 UI가 덜 성숙한 단계인 것이다.

사용자와 기계 간 상호작용(MMI)을 UI(유저 인터페이스)라고 한다. UI는 공급자에게는 서비스를 차별화할 수 있는 소중한 기회를 가져다준다. UI를 전면 혁신 또는 개선한다면, 공급자의 경우 획기적인 수익 증대를 맛보게 될 것이다. 정보격차가 날로 심해지고 있다. 고속열차 발권 창구가 점점 없어지고 있다. '자동발권기를 이용하면 편리합니다' 라 한다. 발권기에 UI가 잘 되어 있다면, 정보격차를 느끼는 이들도 두려움 없이 이용할 수 있을 것이다.

디지털 세대에게는 문해력이 중요하다고 한다. 글을 쓰는 사람, 말을 하는 사람 모두가 UI 당사자이다. 문해력 야기자가 된다. 문해력을 원천 잠재 보유한 소비자가 쉽게 이용할 수 있도록 문자의 표현에 유의해야 한다. UI가 정교해야 한다.

UI에 깊은 관심을 가져야 한다. UI를 설계할 때 사용자의 정의가 중요하다. 금융 단말기(ATM기)를 보면 점자를 옆에 병기해 놓은 경우가 많아지고 있다. 이는 사용자 정의에 약시 또는 맹인을 포함시켰기 때문이다. 도로 표지판도 UI 설계가 되어야 한다. 누군가 어떤 환경에서도 쉽게 인지할 수 있도록 해야 한다. 이에 대한 정의를 결정하고 도로 표지판 설계에 들어가야 한다.

프랑스는 '일반인보다 인지능력이 저열한 도로 이용자가 열악한 일기 환경에서도 도로 표지판을 어려움 없이 이용할 수 있어야 한다'고 규정되어 있다. 대한민국은 '도로 이용자가 정확하고 쉽게 판독할 수 있도록 설치 장소 또는 필요 기능을 제공해야 한다'고 규정하고 있다. 시대 요구에 맞도록 UI 품질을 좀 더 세밀히 할 필요가 있다.

제대로 된 UI는 심리학과 생리학에 기반하여야 한다. 사용자가 원한 것이나 필요한 것(요소라고 함)을 쉽게 고를 수 있거나 찾을 수 있고, 이 요소를 사용하며, 그 요소로부터 명확하게 의도한 결과를 쉽게 얻어 낼 수 있어야 한다.

현행 컴퓨터 프로그램 개발비 산정기준에는 UI 설계비가 별도로 책정되어 있지 않다. 컴퓨터 프로그래머가 별도의 전문지식 없이 UI를 설계하는 것이다. 사회가 UI의 진화를 요구하고 있다. 데이터베이스 설계비도 초창기에는 별도 계산하지 않았다. UI 설계기준이 마련되고 UI 실시설계에 대해 제대로 된 비용 산정 항목이 신설되어야 하겠다.

미래 먹거리 데이터

데이터센터 관련 산업이 급속도로 팽창하고 있다. 최근 연평균 15% 이상 늘어나고 있다. 각종 아이티 서비스·게임의 서버 인프라로 보편화되고 있는 클라우드 서비스도 데이터센터를 기반으로 하고 있다. 넷플릿스·유튜브·라이브 커머스 등 고용량 영상 콘텐츠들이 늘어나고 있기 때문이다. 현재 데이터센터는 156개소다. 3년 후쯤이면 200개소가 될 전망이다.

네이버가 최근 세종시에 짓고 있는 데이터센터는 축구장 41개 규모이다. 데이터센터가 늘어나는 만큼 데이터에 도전하는 젊은 이들이 늘어나지 않고 있다. 도서관은 늘어나는데 출입하는 학생은 줄어드는 현상과 같다.

데이터는 무엇인가? 정보를 표현하는 요소들이다. 디지털화한 데이터를 말한다. 데이터는 어떻게 수집되는가? 사용자가 데이터를 생성한다. SNS(카톡 등)에 동영상, 사진 등이 데이터센터로 쌓인다. 슈퍼마켓에서 상품마다 붙어 있는 빗살(바)코드를 스캔한 데이터도 귀중한 데이터이다. 구매한 사람의 성향을 분석하고 싶어 한다.

서울의 한 구청은 관내에 CCTV 3,000개를 설치 운영 중이다. 24시간 촬영하고 있다. 이 자료도 데이터센터에 보관한다. 구독자가 10명 넘는 유튜버가 10만 명이 넘는다. 유튜버 동영상이 늘어나는 양이 엄청나다. 유튜브를 운영하는 구글이 데이터센터 운영에 골치를 앓고 있다. 천하의 구글도 넘쳐나는 데이터 때문에 일부 데이터를 폐기하고 있다.

모든 데이터는 컴퓨터 저장장치 서버에 안치되어 있다. 컴퓨터에 의해 조회를 할 수 있도록 데이터들을 유기적으로 연결해 놓았다. 데이터를 수집 및 분석하여 미래를 예측하고 새로운 (미래) 가치를 창출하기 위해서이다. 데이터는 현재와 과거를 말하고 있다.

데이터가 가치가 있으려면 미래를 말해 주어야 한다. 현재 있는 데이터만으로는 뭔가 부족한 면이 많다. 부족한 데이터들을 유기적으로 결합하고 분석해 보면 금맥을 발견할 수 있다. 데이터를 만지는 누구나가 금맥을 발견하는 것은 아니다. 집요한 노력과 명쾌한 지능이 결합이 되었을 때 금맥을 발견할 수 있다.

4차 산업혁명에서는 일자리가 줄어든다. 없어지는 일자리에 연연해서는 안 된다. 데이터에서 금맥을 찾는 일자리를 창출해야 한다. 만물 간에 상관계수를 시계열로 산정할 수 있다. 1억 가지의 상관계수가 나온다. 시간대별로 쪼개면 1억 배가 더 된다.

상관계수의 값은 0에서부터 1까지이다. 0의 값을 갖는 상관관계는 물과 기름 관계보다 더 서로 간 관계성이 없는 것이다. 1의 값을 갖는 경우는 실과 바늘 정도의 관계이다. 이 중에서 유의미한 또 상관계수가 높은 것을 추려 본다. 그리고 둘 간의 관계성을 해석해 본다. 유의미한 관계성을 발견한다면 이것이 바로 금맥을 발견한 것이다. 소주를 사 가는 사람이 안줏거리로 무엇을 사 가는지 빅데이터가 알려 준다. 일부 슈퍼에서는 소주 매대 옆에 많이 찾는 안줏거리를 같이 놓아둔다.

우리 정부는 예산을 소모하면서 조성한 공공 데이터를 개방해야 한다. 개방 원칙은 국가 1급 비밀을 제외한 모든 데이터를 대상으로 하는 전면성, 즉시성, 보편적 접근성 등이다. 젊은이들에게 빅 데이터를 손쉽게 분석할 수 있게 해야 한다. 데이터에서 금맥을 찾는다는 것은 컴퓨터 공학을 전공한 젊은이만의 전유물이 아니다.

창의력을 계속 키워나가는 사람이 필요하다. 도전정신이 강건한 사람이 자신의 길을 데이터에서 찾을 수 있다. 문과 출신들이 일자리를 찾기가 이공계에 비해 어렵다고들 한다. 문사철에 밝은 문과 출신 젊은이들이 도전해 볼 만한 곳이다.

데이터 관련 국비 지원 교육기관의 교육 내용과 성과는 미흡하다. 데이터에서 금맥을 캐기에는 거리가 아직 멀어 보인다. 데이터 센터의 빅 데이터에 접근하여 창의적인 주제로 교육생 스스로가 문제해결을 하는 모습을 볼 수가 없다. 대기업들이 이러한 교육을 맡아주었으면 한다. 도서관 출입이 쉽듯이 젊은이들이 데이터에도 쉽게 접근할 수 있도록 사회 인프라 구축이 필요하다.

일본이 변하고 있다

도쿄 아사쿠사(천초)역에서 특급 기차로 두 시간쯤 가면 닛코시 닛코(일광)역 종점이 나온다. 버스로 약 10분쯤 가면 도조궁 입구가 나온다. 일본인들이 좋아하는 근대 일본을 연 도쿠가와 이에야스 (덕천가강)의 사당이 있는 곳이다. 이에야스가 죽은 1년 후 완공되어 이곳에다 안치하였다. 이에야스는 유언을 했다. 내가 죽은 후 나를 이곳에다 묻어 달라, 그러면 내가 너희들의 수호신이 되어 너희들을 보호하겠다.

신라 문무대왕의 기시감이 느껴진다. 관광객을 많이 오게 했던 것이다. 관광 수입으로 이에야스의 약속은 이행되고 있는 셈이다. 도조궁 안의 동종은 조선 왕조와 연관이 있다. 동종 앞의 안내판에 는 이에 대한 언급이 전혀 없다.

도조궁 안에 예쁜 5층 목탑이 키가 큰 삼나무에 살짝 가려 서 있 다. 이 건물은 중앙에 큰 기둥 하나가 목탑 중심을 잡고 있다. 유지 와 보수 기술자는 중앙 주심 기둥을 타고 오르고 내리고 한다. 기둥은 방부, 방충 등을 위해 도색되어 있다. 금장이다. 이 기둥 하나 보여주는데 별도의 입장료를 받고 있다.

조선통신사 사절단의 흔적이 남아 있다. 에도 정부는 통신사에게 도조궁 참배를 강요하다시피 했다. 조선에서 더 멀리 가는 방향, 도쿄에서 도조궁까지 왕복 20여 일은 더 걸린다. 내키지 않은 발걸음을 느껴 본다. 도쿄 스카이트리의 높이가 634미터이다. 도조궁의 해발이 도쿄 스카이트리와 같다고 표시해 놓았다.

입국 풍경과 입국심사 서비스 레벨을 의식, 심사 소요 시간을 생각해 심사관 수를 조정하여 운영하고 있다. 입국심사 소요 시간이 날로 짧아지고 있다. 지하철 등에 한글 병기, 한국말 하는 직원 배치, 도처에 깔린 한국인 만나기가 쉽다. 한국말을 잘하는 직원들은 자신감이 넘쳐 보인다. 같은 뜻을 전하는 글 중, 한글이 한자보다 간편하고 조형미까지 있다. 스마트폰 통역기가 많이 활용되고 있다.

동남아 관광객, 세계 각국의 관광객이 눈에 띈다. 아프리카인들은 도쿄에서 보기 힘들다. 미국보다는 적어 보인다. 엘리베이터에서 잠시 같이 있어도 친절함이 느껴진다. 편의점에 우리 소주가 있다. 지방보다는 수도에 많다. 다양한 과일 향을 넣은 우리나라 소주도 많이 눈에 띈다. 지하철 역사는 깨끗하다. 차량도 새것으로 교체되었다. 부드럽게 운행한다.

관광 인프라란 무엇인가? 저녁을 먹고 난 후 관광객들은 무엇을 원하나? 그 시간대에 축소된 간략화한 세상이 또 펼쳐지길 원한다. 저녁 식사를 끝내고 샤워를 한 다음 또 다른 체험을 하고 싶어 한다.

우에노 공원 안에 있는 국립과학박물관에서 진화론을 설명하는 부스를 유심히 봤다. 맘모스 종류 중 한 종은 갈비뼈가 부자연스럽게 진화를 한 것이 보인다. 경쟁상대와 싸움을 하면서 아래로 향하는 복부 부위가 약점이 되어 많은 희생자가 발생하게 되었다. 이들 종은 결국 아래(지표면)로 향하는 복부 부위에도 갈비뼈로 보호하는 것이 종 보존에 유리하다고 판단하였다. 수십만 년에 걸쳐 조금씩 진화하여 결국 복부 부분에서 갈비뼈가 완성되었다. 이것이 진화론의 부분적인 한 예가 된다고 본다.

한때를 풍미하는 종들이 결국은 멸망했다. 살아남으려고 진화를 거듭했으나, 그 진화의 방향 즉 질과 속도가 따라주지를 못해 결국은 멸망하게 되었다. 환경의 변화를 잘 못 이해하여 진화의 방향이 어긋난 경우도 있었을 것이다.

인류라는 종이 지속발전하기 위한 인류의 진화 방향과 속도가 적정해야 하겠다. 비방 등 남을 싫어하는 것, 일하기를 싫어하는 것, 고지혈 등 신체의 건강 유지를 싫어하는 것 등이 인류를 암울하게 인도하는 길임을 과학 박물관에서 느꼈다.

5부

3고 시대 생존법

노벨 문학상이 대한민국을 월드 클래스로

2024년 10월 10일 저녁 8시, 스웨덴 수도 스톡홀름에서 낭보가 날아왔다. 소설가 한강이 2024년도 노벨 문학상 수상자로 선정되었다고 발표했다. 지금껏 121명의 문학상 수상자가 있었다. 출신국은 대부분 선진국이었다. 문학상을 수상한 국가는 지구촌에서 월드 클래스 국가임을 증명해 내는 것이다.

1968년 소설 『설국』의 작가 야스나리가 노벨문학상을 수여했다. 그때 일본은 월드 클래스 국가로 등극이 완료된 셈이었다. 한강의 수상은 바로 대한민국이 선진 월드 클래스 국가로 등극이 완료되었음을 만천하에 알리고 있다. 대한민국은 문화국가 이미지를 강하게 펼쳐나가고 있는 차에 노벨 문학상까지 수상하게 되었다.

국가적인 경사 중에도 상 경사가 난 것이다. 해방 전후 김구 선생은 그의 저서 『백범일지』 말미에 '내가 가지고 싶은 국가는 문화국이다'라고 했다. 힘이 세어 남의 나라를 괴롭히는 무력국가가 아니다. 남의 주먹을 막을 만큼의 힘만 있으면 된다. 문화국가로서 문화의 힘으로 국민이 화합하고 행복하게 살면 된다. 문화의 힘을 이웃 나라에게 전파하면 좋겠다고 했다.

시쳇말로 소프트파워가 진짜 국력이라는 것이다. 김구의 이 말은 『백범일지』의 대필자 이광수가 한 말이라는 설도 있다. 대한민국의 위상이 점점 높아지고 있다. 영문 K 자를 앞에 붙인 신조어들이 줄을 이어 만들어지고 있다. 여기에 문화의 맏형 격인 K문학이 하나 더 세상에 나온 것이다.

발표 전날이 마침 한글날이었다. 한글이 만들어지기 전 조선은 조선말을 그대로 옮겨 적을 수단이 없었다. 이두문자가 있었지만 온전하게 옮겨 놓을 수 없었다. 세월이 지나면 말이 변하기도 했다. 세종대왕께서는 한 나라에 하나의 문자가 있어야 한다고 하셨다. 조선말은 조선의 고유 글자로 표기하여야 한다고 하시면서 훈민정음을 만들라 하셨다.

한글로 쓰인 문학작품이 노벨 문학상을 수상했다기보다는, 인생을 자유롭고 새롭게 만드는 원동력, 영감의 세상을 한강 작가가 한글이라는 도구로 잘 표현하였기에 수상의 영예를 안게 되었다. 한강 작가에게 행운이 따랐다. 번역을 좋아하는 한 외국인 데보라 스미스(37세)가 한강의 작품 「채식주의자」를 번역하고 싶어 했다.

그녀는 한글을 처음 봤다. 한글에 대한 아무런 사전 지식도 없었다. 한글을 처음부터 배우기 시작했다. 7년이 걸렸다. 언어에 탁월한 재능이 있었기에 빠른 기간 안에 한글로 쓰인 작품을 영어로 번역할 수 있었다. 번역을 통해 원의미의 작품성을 높일 수 있었다.

　이후부터 세계인에게 한강의 작품이 주목을 받게 되었다. 스톡
홀름 한림원은 세계 굴지의 문학상을 수상한 작가의 작품에 관심
을 가지게 되었고, 결국 작가 한강이 영예의 수상자로 선정하게 되
었다. 한강은 열 살 때 고향 광주에서 5.18을 맞이하였다. 그때 입
은 트라우마가 일평생 문학 작품의 영감을 토출하는 원동력이 되
었다.

　글을 쓴다는 것은 고통의 연장선상에 있는 것이다. 아버지 한승
원 작가가 묵묵히 흰 원고지에 심혈을 쏟고 있는 것을 한강은 어려
서 보아왔다. 아침 일찍 타자기 소리에 잠을 깨곤 했다. 지금은 글
을 쓴다는 것이 바로 자신의 영혼을 달래주는 가장 편하고도 의미
있는 활동이라고 생각한다. 틈만 나면 이미지를 연상한다. 빨리 서
재로 가서 글을 쓰고 싶다고 한다. 다음 한국인 수상자가 나올 때
에는 심사원들이 한글로 쓰인 작품에서 직접 감흥을 느꼈으면 한
다.

호미로 막을 것을 가래로 막는 것

중국의 동정호는 내륙에 있는 민물 호수 중 두 번째로 크다. 2024년 폭우에 호수의 제방 일부가 무너졌다. 동정호 둘레 제방은 모래로 축조되었다. 폭우로 물 높이가 높아지면 수압이 커져 예상 치 못한 일들이 벌어진다. 조그마한 물길이 제방을 뚫고 밖으로 샌 다. 호미로 막을 수 있는 절호의 기회였다. 물이 모래를 함께 밀어 내면서 그 구멍은 점차 커진다. 제방이 터진다.

처음은 터진 폭이 1~2미터 크기이다. 제방 밖으로 빠져 나가는 물의 물살이 거세다. 무엇으로 막으려 해도 거센 물살을 잠재울 수 없다. 무너진 폭은 시간이 감에 따라 점점 더 넓어진다. 30톤 대형 트럭에 모래를 가득 싣고 그 트럭을 제방이 무너진 지점에 빠트린 다. 트럭은 직진하게 핸들을 고정해 놓고 운전자는 차에서 뛰어 내 린다. 이러한 사투에도 불구하고 트럭과 트럭 사이로 물은 거침없 이 빠져나간다.

그동안 터진 제방의 폭은 점점 더 늘어난다. 터진 제방을 막자고 육해공 모든 전술이 동원된다. 호수 안에서는 대형 바지선에 모래를 약 3천 톤 정도 싣고 와서 컨베이어 벨트로 모래를 터진 제방으로 쏟아 붓는다. 그래도 터진 물은 더욱 거세게 호수 밖으로 빠져 나간다. 이제는 제방이 220미터나 유실되었다. 공중에서는 헬리콥터가 컨테이너 박스를 공중에서 투하하고 있다. 한강에 돌 던지기 식이다. 터진 물을 결국 막지 못했다.

뉴스 화면에는 제방 밖으로 빠져 나가는 물을 맨몸으로 막아 보려고 물속에서 인간 띠를 만들어 사투하는 모습을 방영했다. 언론 발표로는 이재민 6천여 명을 대피시켰다고 한다. 사실은 열 배 이상 될 듯하다. 호수의 물이 다 빠지기를 기다리는 수밖엔 없다. 인명 및 재산 피해는 물론이고, 정부를 신뢰하지 못하는 후유증은 돈으로 계산할 수 없는 막대한 규모가 될 것이다.

동정호 제방 터짐 현상은 파이핑 현상이었다. 제방 바깥이 토압과 수압을 견디기 어렵게 되면서부터 한계를 넘으면 흙이 침식되기 시작하다가 결국에는 제방을 붕괴시키는 현상이다. 안전예방관리를 제대로 했다면 동정호의 수위가 얼마만큼 올라갔을 때 어떤 위험이 오는지 미리 시나리오로 마련되어 있었을 것이다.

대한민국에는 1만 8천 개의 크고 작은 댐들이 있다. 이들 중 98%가 흙, 자갈, 모래, 진흙 등의 재료를 이용해 만들었다. 댐을 만들 때 재료가 어떤 것인지에 따라 댐의 안전율은 달라진다. 모든 댐에 대한 허용 누수율을 산정하고 각 댐마다 과학적인 장치로 누수량을 체크한다. 댐의 수명 주기별 관리를 차별화한다. 안전도가 떨어지는 댐은 재개발한다.

본격적인 장마가 시작되면 댐 및 홍수 관리를 철저하게 해야 한다. 호미로 막을 때에는 어떤 방법으로 막는지에 대한 사전 계획과 대책들이 방비되어 있어야 한다. 수리 구조물 즉, 흙댐, 방조제, 널 말뚝 등은 이상 징후 첫 단계에서는 흙이 부풀러 오르거나 물이 새거나 한다. 댐의 이상 징후에 대해 초기에 조기 발견하는 것이 상책이다.

댐이 터졌을 때 위험에 대한 분석이 사전에 계산되고 관계 지역민들에게 미리 알려야 한다. 위험 사태가 발생할 때에는 어떻게 통지를 하는지, 위험이 도달하는 데 소요되는 시간 등에 대한 사전 훈련이 필요하다. 악조건은 겹쳐서 온다. 다른 악조건들과 결합이 되어 피해 주민들에게는 고통이 가중된다. 이를 대비한 세밀한 대응책이 필요하다.

허용 누수율을 철저하게 관리하면서 전 세계적으로 가장 안전한 댐 관리국으로 거듭나야 한다. 1등 선진국을 향해서.

수도권 과밀은 청년들에게 불편을 준다

출산율 하락의 시대적, 사회적인 배경에는 수도권 이상집중현상이 있다. 수도권 집중을 막기 위해 수도권에 있는 공공시설을 지방으로 이전한다. 이는 수도권 집중 현상의 근저에 흐르는 경제적 원리를 도외시하고 있다. 눈에 보이는 공공시설을 지방으로 이전한다고 해서 수도권 집중현상이 사라지지 않을 것이다. 분산의 필수조건이 충족되지 않은 상태에서 물리적인 분산은 한계에 봉착하게 된다.

서울 중심가 소동공, 70년대 롯데 쇼핑센터가 들어섰다. 수도권 집중을 막겠다고 서울 중심부에는 백화점 건립을 불허한다고 정부가 천명했을 때이다. 해당 업체는 공무원과 결탁해, 백화점이란 단어를 쓰지 않고, 법망을 피해 4차에 걸쳐 대규모 백화점으로 계속 증축 확장했다. 수도권 집중 완화 정책이 얼마나 어려운지를 보여주는 한 사례일 뿐이다.

여의도에 놓여 있는 국회 돔 하나 뜯어 충청도로 옮긴다고 수도권 집중현상이 사라질까? 교육부는 야심찬 정책을 하나 시행 중이다. 지방대학활성화 사업이다. 벌써 몇몇 집단은 제안 내용이 채택되어 사업이 진행 중이다. 지역대학 간에는 합종연횡을 하여 1차적인 성과는 내고 있으나 지역의 산업체와의 협업 활동이 잘 보이지 않고 있다. 지역 소재 대학은 그 지역의 젊은이와 사업체를 위해 존재한다는 새로운 개념정립이 필요하다.

대학이 일반적 학문연구 교수기관이라는 낡은 생각으로는 지방소멸을 막는 역할을 할 수 없다. 그 일은 중앙에 있는 리딩 대학들이 잘하고 있다. 최근 한국은행이 발표한 '생산·소득·소비 측면에서 본 지역경제 현황' 보고서에 따르면 서울·경기 등 수도권의 전국 경제성장률 기여도가 51.6%(2001~2014)에서 70.1%(2015~2022)로 가파르게 상승하고 있다. 수도권의 경제력 집중 정도가 2015년 이후 갈수록 심화하면서 수도권 일극一極체제가 '광풍'을 연상케 할 정도로 점점 굳어지고 있다.

수도권으로 더욱 밀려오고 있다. 지역이 황폐화되어 가고 있다. 부산이나 대구마저 늙어가고 있다. 젊은이들이 시군급보다 도청소재지에 살면 경제적 어려움을 더 겪고 있다. 광주시의 주택가격은 연간소득 대비 7배인 데 반해서 전남 시군급 지역의 주택가격은 소득대비 5.5배이다. 수도권은 9배 이상이다. 젊은이들이 소도시 또는 지역으로 갈수록(하방) 주거비 부담을 경감시킬 수 있다.

수도권 집중 현상은 청년들에게 과도한 경쟁심리를 자극하도록 요구하고 있다. 생애주기 관리 개념이 바뀌었다. 결국, 출산 양육에 따른 부담을 피하고 싶어 한다. GTX가 원거리 수도권에 주거하는 젊은이의 출퇴근 어려움을 경감시키고자 한다. 수도권 과밀화를 막고 지역 균형발전에 도움이 될 수 있도록 노선을 심사숙고하여 재설계할 필요가 있다. 비수도권이 수도권의 영향권 밖에서 발전할 수 있는 길은 없는 것일까?

공공기관의 지방 이전에도 불구하고 수도권 과밀화가 개선되었다는 성과와 통계가 나오지 않고 있다. 수도권 비대화, 과밀화 방지를 위한 새로운 접근이 필요하다. 지방 균형발전이라는 사회변화를 주도하기 위한 인문사회학적 대처가 필요하다. 선순환적 경제 작동 원리를 찾아내야 한다. 인구절벽 현상을 타개하는데 앞으로 50년의 세월이 필요하다고 한다. 인문사회학의 발전이 필요하다. 정치적 경제적 동물이라 일컫는 사람이나 법인들이 지역을 선택할 수 있는 선순환적 경제 논리를 찾아내야 한다.

지역 발전 맞춤형 설계를 위해 지역통계를 과학적으로 해야 한다. 이를 위한 통계 인프라 개선이 필요하다. 모든 정책은 젊은이들이 안정적인 상태에서 미래를 설계할 수 있게 해야 한다. 젊은이들에게 과도한 경쟁을 부추겨서는 안 된다. 젊은이들에게 주어진, 그러나 청산해야 할 개념은 1등, 서열, 최고 등이고 반면 권장할 만한 신개념은 창의, 도전, 커리어 관리, 평생직업 등이다.

나이가 들어 꾸는 꿈, 옹골차다

모든 대한민국 국민이 한날한시에 꼭 같이 한 살을 더 먹는 시대를 버렸다. 이제는 새해가 되어도 한 살을 더 먹지 않는다. 각자의 생일 다음 날에 한 살을 더 먹는다. 한국인만의 동질감을 느낄 수 있는 계기 하나가 없어져 버렸다. 법제사법위원회는 대한민국에서 나이 세는 법을 '만 나이' 기준으로 통일했다. 국민들은 한 살 내지 두 살 더 젊은 나이를 선물 받은 셈이다.

지금까지는 편하게 살고 있음을 자랑으로 여기는 사회였다. 혼란과 빈곤, 지도층의 무식견으로 고통받던 시절에 대한 보상이었다. 편하게 사는 것이 인생의 목표처럼 보였다. 돈을 많이 벌어 쌓아 놓고, 쓰기만 하는 사람이 부러워 보였다. 문제는 곳곳에서 발견된다. 이러한 인식의 체계는 사회적 역동성을 잃은 것이다. 인간은 어떻게 사는 것이 바람직스러울 것인가에 대한 바른 대답을 못 내놓고 있다.

편한 생활, 편하긴 하다. 아무 걱정이 없을 것같이 보인다. 시간이 지남에 따라 걱정이 점점 커진다. 이대로 사는 것이 과연 맞는 것인지, 왜 행복하지 않은 것인지, 회의감이 솟아나기도 한다. 행복이 무엇인지를 추구하지 않는 것은 행복의 길로 들어선 것이 아니다.

도서관은 에어컨이 설치되어 있고, 푹신한 의자를 갖추고, 모든 국민을 모시고자 시설을 해놓고 있다. 신문도 있고 잡지도 다 갖춰 놓았다. 이래도 도서관을 이용하는 사람은 한정적이다. 젊었을 적 도서관을 가본 경험이 없기 때문이다. 어떻게 사는 것이 더 나은 삶을 영위하는 길인지를 찾을 의지가 없었기에, 무료한 시간을 보내고 있다.

차세대 젊은이들은 특히 도서관 활용 경험을 많이 가지도록 훈련을 시켜야 한다. 주어진 책을 보는 것뿐 아니라 스스로 선택한 책을 본다는 것, 이것이 중요하다. 호기심을 발현시켜 준다. 누구에게나 있는 숨은 열정을 일깨워 주는 계기를 만들 수 있다. 스마트폰 앱을 통해 보는 미디어 지향적 정보로는 한계가 있다. 바늘구멍으로 세상을 보는 것이다.

오래, 그리고 편하게 사는 분들이 결국 후회한다. 내가 이렇게 오래 살 줄 알았다면 뭔가를 새로 시작했을 텐데. 준비를 단단히 하지 못한 자신을 후회한다. 이 나이에 무엇을 하겠냐고 스스로 포기한다. 나이가 들면서 꾸는 꿈은 옹골차다. 건널 수 없는, 넘을 수 없는 꿈을 꾸는 사람은 편하게 산다는 생각보다는 생활이 재미나고 활기차다고 느낀다. 울만이라는 시인은 100여 년 전에 이미 절규한다. 그의 나이 78세 때이다.

"청춘이란 두려움을 물리치는 용기, 안이함을 뿌리치는 모험심, 그 탁월한 정신력을 뜻하나니 때로는 스무 살 청년보다 예순 살 노인이 더 청춘일 수 있네, 누구나 세월만으로 늙어가지 않고 이상을 잃어버릴 때 늙어 가나니. 세월은 피부의 주름을 늘리지만 열정을 가진 마음을 시들게 하진 못하지. 근심과 두려움, 자신감을 잃는 것이 우리 기백을 죽이고 마음을 시들게 하네. 그대가 젊어 있는 한 예순이건 열여섯이건 가슴 속에는 경이로움을 향한 동경과 아이처럼 왕성한 탐구심과 인생에서 기쁨을 얻고자 하는 열망이 있는 법이다."

성공한 사람은 자신이 성공했다고 말하지 않는다. 성공 중이라 말한다. 앞으로 더 헤쳐 나갈 길이 있기 때문이다. 더 큰 성공을 위해 정진하고 있을 뿐이다. 꿈을 이룬 것이 즐거운 것이 아니다. 꿈이 있다는 그 자체가 즐거운 것이다.

"아침에 일찍 일어나고 싶다. 새로운 것을 즐겁게 할 일이 기다리고 있기 때문이다." 그런 일을 마련하라. 지금부터는 20세 정도 나이를 빼고 시작하자. 20년짜리 중기 계획을 하나 세우자.

3고 시대 생존법

    금리가 계속 오를 전망이다. 당분간 상승세가 지속될 것이다. 지금 금리의 배가 될 수도 있다는 전망도 나온다. 매월 은행 이자를 내는 사람은 지금 내는 이자의 두 배를 매월 내야 한다. 그사이 원금상환 유예기간이 도래한다면 매월 지불해야 하는 원리금 부담액은 상상을 초월할 정도로 커지게 된다.

    물가가 이렇게 많이 쉴새없이 오르는 경우가 없었다. 코로나가 끝나면 식당들이 장사가 잘될 것으로 기대를 했었다. 현상은 정 반대이다. 코로나가 끝나도 식당 장사 안 되는 것은 그 전보다 더했으면 더했지 나아질 기미는 안 보인다. 식당 폐업은 건수가 줄지 않고 있다.

    식당 주인들은 메뉴판 음식값을 올려도 부족함을 느낀다. 식당을 찾는 손님들 수가 점차 줄고 있다. 물가가 오르니 소비가 줄어들고 있다. 기업의 제품 판매가 줄고 있다. 물가는 오르나 기업의 경영 상태가 좋지 않아 인건비를 올려 줄 수가 없다. 월급 소득자들은 물가는 오르는데 급여는 오르지 않는 불공평한 시대에 살고 있는 것이다.

대 달러 원화가치가 계속 떨어진다. IMF 이후 최대로 떨어졌다. 수출업체에게는 이익일 수 있다. 외국 수입선에서는 원화 가치가 떨어진 것을 알고 그만큼 달러를 덜 주겠다고 한다. 깎아달라고 한다. 환율의 상승은 수출업자에게도 마냥 좋은 것은 아니다.

수입업자에게도 고통을 안겨 준다. 환율 오른 것만큼 수입 물가를 올려 팔아야 하기 때문이다. 국내산 물가도 올라 소비자에게는 이중 부담이다. 수입물품까지 종전보다 더 비싼 값으로 사기가 어렵다. 수입품 소비자는 종전보다 소비를 줄이려 한다. 수입상도 재미를 못 보게 된다.

집값은 내려도 괜찮다. 거래가 얼어붙은 것이 더욱 문제다. 집을 줄여 작은 곳으로 옮기고 싶어도 거래가 꽁꽁 얼어붙어 꼼짝달싹 못 하고 있다. 집주인들은 전세에서 월세로 전환하기를 원한다. 전세는 집을 사기 위한 저력을 비축하는 좋은 제도였는데 최근에는 이것마저 사라지고 있다. 집을 사려는 단계별 접근 전략을 새롭게 가져가야 할 시점이다.

3고 시대 어떻게 대처해 나가야 하나. 경제적 상위 20% 이내의 고소득 국민들은 그럭저럭 견딜 수 있을 것이다. 그 이외의 모든 국민들은 3고 시대에 각별한 대처가 필요하다. 3고 시대를 생존하기 위해서는 죽음의 계곡을 건너야 한다. 우선, 건강을 잘 챙겨야 한다. 정신적 건강이 신체적 건강을 좌우한다. 정신적으로 위축되거나 좌절하지 않도록 한다.

또 건전한 생각을 항시 가져야 한다. 긍정적 사고를 하여야 한다. 스스로 스트레스를 생산하지 않아야 한다. 만병의 근원은 스트레스다. 지출 부문도 구조 조정을 해야 한다. 월세를 내고 있는 경우 월세를 줄여야 한다. 그리고 그 부분만큼을 적금을 들어야 한다. 이자 부담 금리가 높은 것부터 갚아 나가야 한다. 금융권 관련 원리금 상환액을 구조 조정해야 한다.

신용회복위원회 등 관련 기관으로부터 도움을 받을 수 있을 것이다. 원금을 갚아 나가는 것은 즐거운 일이다. 매월 나가야 하는 이자를 더 이상 내지 않아도 되니까. 전자제품 하나를 산 기분이 들 것이다. 그 전자제품은 매달 이자만큼의 돈을 만들어 주인에게 주는 기계이다. 그 기계를 산 것과 같은 기쁨을 주기 때문이다.

지혜의 산에 난 잡초를 제거해야 한다. 매년 잡초가 자란다. 주경야독하여 그 잡초를 제거해야 한다. 거만, 독선, 아집 등 스스로 키운 잡초들을 뽑아내야 한다. 시야를 넓혀야 한다. 근면하고 절약하라는 이백 년 전 다산 정약용의 당부가 오늘날 3고 시대에도 그대로 적용된다.

3고 터널을 지나면 맑고 밝은 세상이 기다리고 있을 것이다. 3고를 헤쳐 나갈 수 있다는 자신감을 가지고 죽음의 계곡을 건너야 한다.

도시경관은 후세에 남겨줄
훌륭한 유산이다

도시경관은 시대의 흔적이다. 아름다운 도시가 있는 반면 난삽한 도시도 있다. 경주와 전주는 도시경관을 위해 노력하고 있는 대표적인 도시이다. 도시경관이 자리를 잡지 못하는 이유가 있다. 과도한 사유재산권 향유에 있다. 공공의 이익과 개인의 행복추구권이 빈번히 충돌한다. 공공의 이익이 점점 설 자리를 잃어가고 있는 중이다.

공공의 이익을 위해 공무 담당권자들이 열심히 일해야 한다. 거센 민원 앞에 당당히 맞설 자가 없어져 가고 있다. 복지부동(배를 땅바닥에 깔고 움직이지 않음)과 무사안일이 대세이기 때문이다. 이렇게 된 이유는 5년제 대통령제, 설익은 지방분권제의 폐해에 기인한다.

현 시대를 사는 사람들은 아름다운 도시경관을 유산으로 넘겨주어야 한다. 근대시민혁명 또는 근대화 과정을 착실히 밟은 선진국들은 아름다운 도시경관을 유산으로 이어 받고 있다. 많은 관광객이 즐겁게 도시경관을 즐긴다. 사백 년 전에 지어진 아파트들이 아직도 건재하다. 문틀, 창틀, 배관 등을 수리하면서 사용하고 있다.

지구 경관단위에서는 건물의 높이가 대개 비슷하다. 획일적으로 높이가 똑같지는 않으나 일층 이상의 차이가 나지 않는다. 지붕의 모양도 차이는 있으나 주위와 생뚱맞게 다르지 않다. 입주민들은 자발적으로 창가에 화분 등을 내 놓고 기른다. 입주민들은 건물이 얼마나 오래되었는지를 자랑한다. 자랑스러운 유산을 주거지로 삼고 있는 입주민들은 자긍심이 대단하다.

외관에 있어 건축주의 경박한 의도가 물씬 묻어나는 도시건축물도 있다. 도시경관을 통해 얻을 수 있는 공공의 이익은 온데간데 없다. 어디에도 찾을 수 없다. 대개의 도시들은 공공의 이익과 사적 이익의 평행추가 사적 이익 쪽으로 심하게 기울어져 있다. 공무원들은 민원 발생 소지를 만들지 않으려고 갖은 노력을 한다.

이들에게 바람직한 도시경관 유산 작업을 권장하기에는 너무나 정치적 사회적 여건이 왜곡되어 있다. 이러한 시대가 지나가면 갈수록 도시경관은 되돌릴 수 없을 지경에 도달하게 된다. 각 건축주들의 최대한의 욕심이 모두 충족된 볼썽사나운 도시로 남게 된다. 지방소도시의 도시경관은 더욱 안쓰럽다.

최근 기술발전으로 건축자재의 혁명이 일어나고 있다. 경제적 비용부담으로 철제 지붕과 기둥을 기존의 철근 콘크리트 슬라브 위에 덧댄다. 덧댄 구조물은 얼마나 튼튼한지 물 난리 때 황소가 그 지붕 위에 올라가 있어도 지붕이 무너져 내리지 않았다. 슬라브가 오래되어 방수가 안 된다고 철제 지붕을 덧씌운다. 양복 입고

갓을 쓴 격이다.

이를 규제하는 공무원이 없다. 해당 공무원에게 가서 이러한 사실을 말하면 손이 모자라 확인할 수가 없다고 한다. 아무리 공무원 수를 늘려도 진작 필요한 일을 하는 공무원은 자리에 없다. 손발이 모자란다고 한다. 건물 외벽에 상호나 상품명 등을 붙여 놓고 있다. 너무 크고 너무 많다. 건물이 이들의 무게를 지탱하고 있기에 버거울 지경이다.

도시경관이 잘 정비된 곳은 건축물의 맨 위층 한쪽에 건축물 명만 붙어 있다. 알맞은 크기이다. 물론 밤에도 불빛으로 볼 수 있게 한다. 건물 주 출입구 쪽 로비에 입점 안내를 상세하게 한다. 건축물은 오랜 세월 도시에 한 구성요소로 남는다. 후세인들의 눈에 비친 건축물이 어떤 모습일까? 도시경관은 도시를 이용하는 사람들에게 지속가능한 환경적 쾌적성을 제공한다. 미적 탁월함으로 삶의 질적 보장을 함께 한다.

도시경관은 후세에 남겨줄 훌륭한 유산이다. 도시 구성원들이 공동의 선을 추구해야 한다. 어떻게 선택하는 것이 미래에게 가치 있는 유산을 넘겨줄 수 있는지를 강구해야 한다. 지체하면 지체할수록 도시경관을 되찾기에는 더욱 어려움이 커진다. 서구 선진사회는 도시경관을 잘 유지, 정비해 오고 있다. 시간의 축적이 가져온 결과물이다. 민과 관은 타산지석으로 삼아 배우고 익혀야 한다. 도시경관에 대해 새로운 정신적 가치체계를 정립할 필요가 있다.

지하수는 공공재다

대한민국이 만든 식료품이 날개 돋친 듯 해외로 팔려 나가고 있다. 향후 10년 이내, 일천억 달러 규모로 늘어날 것으로 예측하고 있다. 이 규모는 현재 반도체 수출 규모와 비슷하다. 지금의 다섯 배로 증가될 것으로 예상된다. 한국의 맛이 세계인에게 고유하게 인식되고 있다. 이에 따라 한국의 물맛이 세계인들의 입맛을 사로잡을 날이 곧 올 것 같다.

마시는 물 미네랄워터들 중 에비앙이 세계 마시는 물 시장에서 가장 많이 수출되고 있다. 대한민국에서 나는 지하수 물이 에비앙보다 더 많이 팔릴 날이 곧 올 것으로 예상한다. 그 규모는 현재 대한민국의 원유 수입액 정도로 지하수를 수출해 벌게 될 것이다. 이에 대비해 지하수 품질관리를 체계적으로 할 필요가 있다.

지금 대한민국에 형성되어 있는 지하수는 화산활동이 멈춘 후, 약 백만 년 이상 표층에서 스며드는 빗물에 의해 만들어졌다. 빗물이 아래로 스며들다가, 더 이상 스며들 수 없는 불투수층을 만나면 땅속의 물은 고이거나, 아래로 흘렀다. 오랜 시간 동안 이 물의 흐름이 지하수 맥을 형성하게 되었다. 불투수층을 바닥으로 깔고 흐르는 지하수는 지표수와 연결되어 하천의 수량 변화와 수질 변화에 민감하다.

지하 수압은 지하수위가 높아짐은 물론 모든 우물의 물이 많이 용출되며, 산에 자라는 나무들이 가뭄에도 충분한 수분을 섭취할 수 있다. 지하수의 특징은 지하수 수맥이 강으로 수렴되어 있어 강의 수위가 높아지면 지하 수맥의 말단에 수압이 높아져 결국 지하 수맥은 수압이 높아진다. 강물의 수위를 높이면 지하수의 수량을 많게 하는 방안이 된다.

지하수가 오염에 노출되어 있다. 쓰레기 매립장, 동물 사체 매립장으로부터 나오는 침출수가 지금 지하 수맥으로 들어가고 있다. 아무도 관심을 가지지 않는다. 눈에 보이지 않으니 아무 문제가 없을 것이라 잘못 생각하고 있다. 오염된 지하수는 정화가 어렵다. 설혹 정화가 된다 하더라도 회복되기까지 많은 시간을 요구한다.

지하 수맥에는 산소가 닿지 않아 박테리아 등에 의한 자정작용이 일어나지 못한다. 한번 오염된 지하수 망은 오랜 시간 동안 저절로 정화되기를 기다려야 한다. 그 기간이 1만 년이 될지도 모른다. 근시안적인 이익을 위해 오염 물질을 지하수에 닿게 해 놓는 것은 후손에게 회복될 수 없는 피해를 떠넘기는 것이다.

관정을 파다가 물이 안 나오면, 절차대로 메우지 않고 그대로 방기해 버리는 경우가 대부분이다. 그곳으로 오염 물질이 들어가,

결국 지하수를 오염시킨다. 산업 폐기물에 의한 오염을 경계해야 한다. 현재도 용제의 회수, 폐수 정화 등에 사용되는 활성탄과 여과 필터, 증류 잔사 및 폐 용제 등이 지하수와 접촉하고 있다.

농촌 비닐하우스에서 경작용 지하수를 뽑아 쓴다. 그 물이 다시 지하수로 들어간다. 유기물질 등이 포함된 오염된 물이 그대로 지하수로 합쳐진다. 각 비닐하우스 또는 각 농장마다 배출되는 오염 용수에 대한 허용 오염 정도를 관리해야 한다.

지하수는 공공재로 개념이 재설정되어야 한다. 지역별 지하수의 양에 따라 관정의 수와 크기가 제한되어야 한다. 이미 운영 중인 관정에 대해서도 철저한 관리가 주기적으로 이루어져야 한다. 무절제한 지하수 개발을 사전에 방지할 수 있어야 한다.

지하수의 공개념이 도입되어 귀중한 자원으로 보호 관리되어야 한다. '먹는 물 관리법'에 의한 샘물보전구역에서의 금지행위로 '장례 등에 관한 법률'의 '매장'도 포함되어야 한다. 지역별 지하수 수위, 수량, 수질 등급을 정하고 지정된 수질 등급을 유지할 수 있는 모든 규제를 늦지 않게 적정하게 가동하여야 한다.

교육 문제를 풀려면
가치관을 먼저 재정립해야 한다

일론 머스크는 미국식 가치관과 교육이 낳은 현대판 영웅이다. 자신의 고유성과 독창성으로 미래 소비자의 요구를 발견하고 해결책을 찾아냈기 때문이다. 머스크의 테슬라는 전기차 제조업, 인공지능 휴먼노이드 로봇 등의 사업을 영위하고 있다. 시가 총액은 미국에서 7위이다. 머스크가 가진 재산은 대한민국 1년 예산과 맞먹는 규모이다. 그는 대학에서 경제학과 물리학을 복수 전공했다. 대한민국 소재 대학에서도 머스크와 같은 정도의 인물이 많이 배출되기를 기대한다.

대학의 기능과 처리과정에 따라 배출되는 졸업생은 사회가 원하는 인재와 거리가 있다. 현장 통용성이 떨어진다. 미스매치라고도 한다. 청년 백수가 400만 명으로 추산된다. 이들은 그냥 쉬고 있다. 일자리를 찾고 있다, 단기 알바를 하고 있다, 체질에 맞지 않거나 전망이 불투명해 이직이나 전업을 준비 중이다, 학업을 더 하려고 한다, 창업을 고려하고 있다 등 다양한 형태로 만족을 못하고 있는 실정이다.

2023년 대학 진학률이 76.2%이다. 2018년 68.7%였던 것이 점차 증가하고 있다. 경제협력개발기구 가입국 중 1위이다. 학령인구가 줄어들고 있는데 대학 진학률은 높아간다. 극심한 정원 미달 사태는 결국 학력 인플레이션을 부추긴다. 대학 충원율이 낮은 중위권 이하 대학들의 처절한 마케팅 결과이기도 하다. 대한민국의 대학들은 양적 위기, 질적 위기에 직면해 있다.

작금의 노동시장은 미래로 향한 블랙홀이 작동 중에 있다. AI가 대체하는 위험 직군이 순간적으로 빠르게 확대될 상황이다. 4차 산업혁명 시대에 적합한 노동시장 인력 구조와 맞지 않은 잠재적 실업자를 대학이 양산하고 있다. 이런 와중에 고급인력은 부족해질 것이다. 고학력자들이 직장을 찾기 어려워지자 하향 취업하는 경향이 있다. 고졸 일자리를 잠식한다. 이 결과 대학 진학율은 더 올라간다.

미국의 MIT 공대는 자체 예산 1조 원을 들여 AI 단과대학을 창립하였다. 대한민국 대학의 현주소는 어디에 존재하고 있는가? 대학에서 AI 전문가를 초빙하고 싶어도 대학의 깊고 고질적인 의사결정구조 때문에 여의치 않다. 이들의 역량을 벗어나는 폭의 개혁을 할 수 있겠는가?

대한민국 사회는 AI 시대 대비는 안중에도 없다. 지방 대학에 임시로 입학한 학생들은 인서울 (소재) 대학으로 옮기려 한다. 인서울 대학에서는 좀 더 나은 대학으로 옮기려 한다. 좀 더 나은 대학학생은 의약학과 등으로 옮긴다. 입학하고 나서도 1년 안에 대폭

이동이 일어난다. 대학의 서열화를 더욱 명료하게 각인시키는 모습이다. 지방대학들은 더욱 더 피폐해지는 구조이다.

대학 진학률을 낮출 수는 없을까? 한때 마이스터고등학교 육성 정책이 성공하는 듯하였다. 지금은 유명무실해졌다. 선 취업 후 진학 커리어를 선택하는 학생들에게 혜택을 제공하는 프로그램이 필요하다. 선 취업 연수에 대해 가점제가 주효할 것이다. 각종 국가 선발 고시 등에 적용할 수 있을 것이다.

일반 고등학교 과정에서 대학 진학할 학생에게는 주로 교양과목과 수학 등에 치중하고, 졸업 후 바로 취업을 원하는 학생에게는 회계학, 경영학 등을, 기술계로 성장하길 원하는 학생에게는 공업 등을 택하게 한다. 고등학교 시절, 대입을 준비하는 데부터 AI 시대에 적합한 일거리를 얻을 때까지의 시간과 투자하는 돈에 대해 투자 효율성이 높아져야 한다.

청년이 원하는 바람직한 사회

60년 전, 우리나라는 1년에 100만 명의 신생아가 탄생했다. 초등학교 1개 반은 80명이 된 적도 있었다. 작년 대한민국 신생아 수는 20만 명 선이다. 1년 만에 대전만 한 인구가 늘었다는 신문 보도가 있었던 50년 전 이후, 앞으로 30년 후부터는 매년 제주도 거주 인구만큼씩 줄어든다. 남녀 반반씩 200명이 사는 한 동네가 30년 만에 인구가 70명으로 줄어들고 있다. 문제의 심각성은 그 70명이 또 30년 후에는 5명으로 줄어든다는 데에 있다. 대한민국 인구가 2100년에는 1,800만 명이 된다는 연구보고가 있다.

수도권의 집중화 현상이 물리적, 심리적 압박감으로 작용한다. 도시국가들의 저출산이 심각하다. 홍콩, 마카오, 싱가폴, 대만 등이 좋은 예에 속한다. 인구의 51%가 수도권에 집중한 현상이 저출산의 원인이기도 하다. 급여소득자가 월급을 한 푼도 쓰지 않고 15년을 모아야 집을 살 수 있다는 통계가 나왔다. 그 기간이 점점 늘어나고 있다고 한다.

보다 높은 눈높이로 가치관을 형성하게 되는 시대이다. 자신의 사회적 성공과 아울러 자식의 미래 사회에서도 성공을 담보하고 싶어 한다. 젊은이들이 가진 모든 역량을 총 집중한다. 목표를 실현하는 데에 막중한 부담을 느낀다. 가임 여성들은 특히 경력의 단절 가능성에 대해 가장 우려한다. 회피할 중요한 선택을 한다. 2세의 출생은 뒤로 미루게 된다. 가임기에 있는 여성들이 아이 낳기를 매우 신중하게 결정한다. 젊은 부부가 보는 세상은 이들에게 쉽게 아이 낳기를 결정 못 하게 한다. 가족관계, 인간관계에 있어 심각한 왜곡이 발생할 수 있다.

젊은 부부가 보기에 본인들의 생활 안정화와 노후 대비를 하는 것이 더 바람직하다는 것이다. 이렇게 생각하게 된 사회적 환경과 원인은 산아제한 시대부터 싹터 왔다. 젊은이들이 느끼는 사회 환경에는 부의 대물림(빈곤의 대물림)이 있다. 60년대 중반 부익부 빈익빈이라는 대통령 선거 시 야당의 선거 구호가 아직까지 유효하다. 중위권 이하의 소득자들이 자녀를 돈 들여 키워 본들 앞으로 더 치열해질 사회에서 중산층으로 살아가기가 어렵다고 판단하고 있다. 삶의 의미를 느끼며 살아갈 수 있을 거라는 확신이 서지 않는다.

로스쿨 제도가 검토될 당시 쟁점은 가난한 집안의 자제들에게 장학금 혜택 등으로 로스쿨 다닐 기회가 주어져야 한다는 것이었다. 그러나 로스쿨 다니며 변호사 시험 준비를 치열하게 하면서 공식 등록금 이외에 사교육비를 쓰고 있다. 장학금으로는 학비가 부족하다. 이곳에서도 부의 대물림 현상이 일어나고 있다.

현행 수능 제도는 전국의 대학을 서열화시켰다. 일렬종대로 줄 세웠다. 상위 10대 또는 20대 대학 이외에 다니는 학생들은 자신의 학업 성취도보다는 사회적 평판에 더 좌지우지된다. 상위권 대학에 들어가기 위해 엄청난 사교육비가 필요하다.

상위권 대학을 나와야 좋은 일자리 잡기에 유리하다. 상위권 대학에 입학하기 위해서는 사교육비를 많이 지불해야 한다. 대기업과 중소기업 간 임금 격차가 날로 심화되어 가고 있다. 비정규직 비율이 높아져 가고 있다. 대기업과 중소기업 간, 정규직과 비정규직 간 임금 격차가 심하다. 대기업 정규직 임금을 100이라 하면, 대기업 비정규직은 80, 중소기업 정규직은 60, 중소기업 비정규직은 40이다. 대기업 정규직에 취업하는 비율은 30%를 넘지 못한다.

현재는 상위권 대학을 나와 대기업 정규직에 취업한 젊은이들만이 성공한 사회가 되었다. 이 사회가 대다수의 청년들이 아이를 안 낳게 만든 사회이다. 젊은이들이 살아보고 '괜찮은 사회이다'라고 느끼면, 그 젊은이가 그들의 아이들에게 이런 사회가 바람직하니, 이곳에서 살아라 할 것이다.

외국인 노동자 부조화 해결해야

'일자리 미스매칭' 이란 구인, 구직 시장 수급이 맞지 않는 부조화를 일컫는다. 일할 사람이 필요한 곳은 많은데 정작 일할 사람은 없는 상태, 즉 비어 있는 일자리가 많다. 미충원 인원이 현재 18만 5천 명 정도이다. 특히 뿌리산업인 주조, 금형, 열처리 등 제조업에서 토대가 되는 공정에 일할 사람을 구하지 못해 어려움을 겪고 있다. 상대적으로 임금이 낮고 근로시간이 길어 만성적 구인난에 시달리고 있다.

비어있는 일자리 중 93.7%인 17만 3천 개가 300인 미만 중소기업에 집중해 있다. 중소 제조업이나 음식점 등 임금 수준이 낮고, 노동 강도가 높은 직종은 청년층이 점점 더 취업을 기피하고 있다.

미스매칭 해소방안으로 3D 업종이 날로 넓어지고 있는 경향에 작업 환경을 탈3D 환경으로 변화시켜 나가야 한다. 청년이 미스매칭 상황에 취업한 경우 지원금을 지급하는 등의 제도 개선이 필요하다. 국내 노동인력 부족을 해결하고자 고용허가제(일명 EPS)를 운영하고 있다. 저숙련 취업이민 통로이다. 해외인력 수급 제도에 민간화를 통한 제도 개선이 필요하다. 외국인 노동자 간의 경쟁 환경 조성이 필요하다.

우리나라에서 일하는 외국인은 2024년 기준으로 84만 3천 명이다. 내외국인 전체 취업자 수 2,808만 9천 명의 3% 선이다. 이 제도의 문제는 불법체류자가 많아진다는 점이다. 국내유입 외국 노동자가 입국하기 위한 초기 자금이 너무 많이 든다. 이를 만회하기 위해 불법체류의 유혹을 느낀다. 큰 빚을 지지 않고 체류를 안정적으로 이어 갈 수 있도록 해야 한다.

주요 이민 유치 경쟁국과 인력 송출국에서 송출 서비스 경쟁에 밀리고 있다. 이주희망국가 10대국에 들지 못하고 있다. 경직된 제도 탓이다. 경쟁국에 비해 서류를 많이 요구한다. 공무원 또는 준공무원들이 이 일을 맡고 있기 때문이다. 송출국 쪽에서는 효과 없는 정책을 변경해 달라고 요구하나 한국 공무원들은 마이동풍격이다. 제도의 유연화가 필요하다.

불법 체류의 근본 원인인 고비용 이주 구조를 개선하고 최소한의 한국 기업 수요를 충족시킬 정도로 이주 쿼터를 확대하는 등의 제도 합리화가 필요하다. 20년간 변화 없이 이어진 주력 취업이민 제도의 기능이 한계에 다다랐다. 20년간 경직된 쿼터 운용에 피로도가 심하다. 한국 기업의 수요만큼 인력을 도입하지 않으니 불법체류자라도 쓰게 되는 부작용이 나타난다.

고용허가제는 공공 주도로 운영하다 보니 산업현장의 민감한 요구에 바르게 대응하기 어렵다. 공무원에게 맡긴 결과 경기미가 정부미가 되고 만다. 통계에 기반한 합리적인 이민 제도를 고민해야 한다. 농촌 일손 부족에 대한 대책으로 계절노동자 제도가 있다. 불법체류자로 전락한다. 지자체는 불법체류자에 대한 관리 인력이 부족하다고 한다. 공무원이 모자라는 게 아니라 때깔 나지 않는 일에 지원하려는 공무원이 없을 뿐이다.

기업의 58%는 외국인 근로자 입사 후 6개월 이내 근로자가 계약해지를 요구 당한 경험이 있다. 고용허가제 전체 인원 26만 8천 명 중 20%가 불법 체류 중(일본은 2.5%)이다. 정부에서 한국어 성적, 기능수준평가, 면접 점수 등으로 3배수를 뽑아 놓고 고용주에게 선택하라고 한다. 고용주가 특정 국가, 성별, 학력을 따질 때 그에 맞지 않는 예비선발자는 하염없이 기다려야 한다.

민간 경쟁을 통해 교육의 질을 높여야 한다. 일본은 고용주에게 업계 평균보다 높은 소개료를 받지만 확실한 인재를 소개해 만족도가 높다. 현지에서 6개월 맞춤형 교육을 한다. 민간 우선 정책으로 민간단체에 의한 해외 노동자 추천제 실시, 국적법에 의한 5년 이상 체류자 귀화 신청 시 민간단체 추천제도 활성화, 정주형 이민자로 받아들이는 비자 경로를 설계하면 국가나 기업, 이주민 모두가 이득이 될 것이다. 지금까지 결과를 놓고 봤을 때, 이 일에 공공은 손을 떼고 민간 부문이 책임을 져야 한다.

문화의 힘

　전북 익산시로 관광 상품 서비스 모니터링을 위해 간다는 이야기를 들었다. 제일 먼저 생각난 것은 보리밭 한가운데 반 정도가 무너져 시멘트로 덧대 놓은 부분이 시커먼 색으로 변한 미륵사지 석탑이었다. 50여 년 전이었다. 당시 국민소득 310불이었다. 15년 전쯤 그곳에 가보았다. 석탑 해체 복원을 위한 가설 건물을 설치하고 가림막으로 가려져 있었다. 석재 한 덩어리마다 고유 번호를 매기고 보존실로 가져가 보존처리를 하고 있었다. 발굴팀원은 부재들을 열심히 측정하고 도상을 그리고 있었다. 우주선 발사기지 같은 분위기였다.

　석탑은 7세기에 축조되었다. 그동안 여러 차례 수리 복원하였다. 동북쪽은 6층까지 그대로 남아 있는 것이 기이하다. 1915년에는 일제가 반파한 부분을 시멘트로 채운 후 보강했다. 2001년부터 2009년까지 해체, 수리 중 완전한 형태의 사리장엄구가 발견되었다. 같이 발견된 탑지에는 왕비가 무왕 40년(639년)에 탑을 건립했다고 적혀 있다. 사리를 봉안하고 있다. 사리를 옮기고 넣는 집게도 옆에 있다.

석탑은 목탑을 짓듯이 석재를 조립했다. 조립하기 전 면밀한 설계를 했다. 6층 일부가 높은 곳임에도 불구하고 4개의 부재들이 층층이 쌓여 그대로 남아 있다. 이는 모듈화 공법이 적용된 것이다. 일부가 무너지더라도 전부가 무너지지 않도록 구획을 지어 놓은 것이다. 그러나 각 부문이 옆으로부터 힘을 받아야 한다. 이러한 모순 상황을 적절하게 조합 배분해 놓은 것이다.

미륵사지 탑 해체보고서에는 탑신 내부의 공기 소통 체계에 관한 언급이 없다. 베르누이 원리에 의해 탑신 내 공기의 유통이 상존하도록한 점에 대한 검토가 없었다. 석재와 다른 석재 사이에 불순물이 자라지 못하도록 조치하는 공학이 가능하다. 석재 조립에 있어 취사선택 공학이 적용된 점을 비정해 본 것이다.

석탑은 보면 볼수록 아름답다. 처마의 솟음 각이 위로 올라 갈수록 점차 줄어들고 있다. 모든 처마는 모서리에서 살짝 반전한다. 옥개석 아래에 놓이는 돌을 중층 받침이라 부른다. 세 개 단으로 된 받침돌이 5층과 6층에서는 네 단이다. 한 단이 더 있다. 옥개석 상단의 부재는 상단 탑신부를 받치는 것인데 1, 2층에서는 하나였다가, 3층 이상에서는 두 개로 늘어난다. 왜 이렇게 변화를 두었을까?

석재들이 축구장만 한 넓이에 규칙적으로 널려 있다. 각 부재의 탑신 안에서의 위치 또는 역할 등을 도면으로 설명해 준다면 어떨까? 관광객은 자아 만족을 원한다. 휴식, 힐링 등을 할 때에도 보다 높은 자아 만족을 위해 가치가 있는 것이라면 더욱 관심을 가지게 된다.

문화해설사의 역할이 상당하다. 인문학과 공학이 함께 융합을 할 수 있다면 더욱 좋을 것이다. 인문과 공학의 백그라운드가 튼튼하였으면 한다. 정치 때문에 토목공사가 벽안시당하고 조롱당하고 있는 세대에 살고 있다. 관광객들에게 최소의 자원을 이용하는 고대 토목공사의 설계 개념 등을 설명하였으면 한다. 부재 하나하나마다 후세에 전하는 메시지가 있다. 고대사에 대한 애착을 가지는 계기가 될 것이다. 지혜를 얻게 된다.

지역경제 살리려고 지역 관광을 촉진시킨다. 익산시의 역투는 현재 진행 중이다. 익산시의 도전에 격려의 박수를 보낸다. 문화해설사는 백범 김구의 내가 가지고 싶은 우리나라, 문화국가 부분을 암송한다. 라스트 멘트다. 이 부분은 책을 읽으면서 눈물이 나온 몇 안 되는 경험을 가지고 있다. 같이 간 사람은 귀에 잘 들어오지 않는 듯하다. 『백범일지』를 소개해 주었다. 그 책을 찾기에 구해다 주었다. 기차 안에서 읽겠다고 한다. 문화의 힘이 자라는 순간이다.

국고 이야기

인류가 남긴 세계적인 건축물, 유네스코가 지정한 세계문화유산, 타지마할이 삼백오십 년 전에 지어졌다. 인도의 중부 아그라에 위치하고 있다. 델리에서 남쪽으로 약 400킬로 간다. 세계 7대 기적으로도 선정되었다. 건축주는 당시 무굴 제국 황제였다. 세계 유일의 건축물이길 원했다. 흰색 대리석 판에 상감기법으로 각 가지 다른 색채를 띄는 보석으로 문양을 조성했다. 지금껏 하자 없이 완벽하게 보존되고 있다. 황제가 조영에 참여한 이만 명 장인들의 손목을 잘랐다는 설화가 전해진다. 이와 같은 건축물을 다른 곳에서 다신 짓지 못하게 한 것이다.

인도 마지막 왕조 무굴 제국 5대 황제 샤 자한은 어느 날 저녁 야시장에 구경 갔다. 야시장이 한눈에 들어오는 관망대 위 보도를 거닐고 있었다. 황제가 14세의 여인을 발견한다. 뭄타즈 마할이다. 첫눈에 들었다. 그녀를 궁전으로 오게 한다. 5년을 궁에서 지낸 후 결혼을 한다. 왕후는 13명의 아들 딸을 낳았다. 변방 지역에서 전쟁이 났다. 왕과 그의 가족들이 함께 출정했다. 전쟁터에서 왕후는 14번째 아이를 출생하다가 사망하고 만다.

6개월 후 황제는 죽은 왕비를 추념하는 사자를 위한 궁전 공사를 착공한다. 지금껏 건축된 바 없는 세계 유일의 장엄한 궁전을 짓는다. 건물의 모든 부위가 대리석으로 축조된다. 노출되는 대리석은 문양이 새겨진다. 꽃이 주류를 이룬다. 문양에서 꽃의 의미는 천국을 의미한다. 대리석 4절지(16절지 4매) 크기 한 조각을 납품 단위로 한다. 관리 번호를 붙인다. 완성하기 위해 장인, 보조인 등이 필요하다. 5개월이 소요된다. 설계도에 의거해 모든 노출용 상감 대리석들은 제각기 다른 곳에서 위탁 체계로 생산되었다. 엔지니어링의 고도화와 성숙단계에서 가능할 법한 사업관리 운영 체계이다. 착공한 지 12년이 지나 완공하였다. 공사비는 지금 돈으로 환산해 보면 8억 2천만 달러가 된다. 1조 원이다.

당시 인류 문명의 최고봉들이 대거 동원되었다. 출입문 아치 천장은 압권이다. 천장 벽면은 반 타원형 곡선이 적분한 상태이다. 기하학적으로 완벽한 곡면을 창출하고 있다. 천장에 그린 그래피컬한 기하학적인 문양이 미래 과학까지도 압도하고 있다. 출입문 천장의 기하학적 문양은 이 사자의 궁전이 얼마나 최첨단의 과학을 담고 있는지를 보여주고 있다.

타지마할 궁전은 무굴 제국의 재정을 파탄 나게 했다. 민심은 흉흉해 갔다. 이 틈을 노린다. 아들 중 한 왕자가 아버지 황제를 아그라 포트 궁내 감옥에 집어넣는다. 전광석화같이 해치운다. 쿠데타다. 그 후로 아버지는 한 번도 자유의 몸이 되어 보지 못했다. 감방의 위치는 자신의 왕비를 모신 타지마할 궁전이 창을 통해 보이는 곳이다. 강 옆에 있기에 강물에 비치는 모습을 감상할 수 있다. 석양에 지는 태양이 궁 뒤로 넘어가는 장관도 볼 수 있다. 감옥 속의 왕은 천수를 다할 때까지 8년간이나 타지마할 궁전을 보면서 옥중 생활을 견디어 나갔다.

황제는 황제 개인의 의지에 의해 국가 재정을 파탄 낸다. 국민들은 결코 용납할 수 없었다. 이 궁을 건립할 즈음 서구 열강은 대항해 시대를 만끽하고 있었다. 산업혁명의 전초를 다지고 있었다. 국제 교역량이 증대되고 있었다. 부국강병을 국가 운영의 최고 이념으로 삼았다. 당시 무굴 제국이 서구 열강과 같은 부국강병 정책을 펼쳤더라면 200여 년간의 영국 식민통치는 없었을 것이다.

재정의 효과적인 집행이 국가 경쟁력을 유지하는 길이다. 지속 발전을 담보한다. 시대정신에 맞는 전략을 선택해야 한다. 미래를 위한 투자이어야 한다. 국가의 존망을 가름하는 공무원의 역할이 중차대하다. 국가 부채의 증가는 국고를 탕진한 정권의 성적표이다. 국고를 탕진한 최고 책임자와 관계 공무원들의 일생을 옥중에서 생활하게 하여도 부족함이 없을 것이다.